我能看穿你

孙正元 著

電子工業出版社
Publishing House of Electronics Industry
北京 • BEIJING

内容简介

社会交往活动中的一个难点，就是无法洞察他人的内在心理，无法因时因地与他人在心理上达成融合。本书通过六章的内容，阐述了关注、了解他人心理的技术，以帮助读者有效地应对现实中的种种问题。在此基础上，本书还对如何应对他人的内在心理变化进行了深入的探讨，内容既科学、实用，又非常有趣。

图书在版编目（CIP）数据

我能看穿你 / 孙正元著. —北京：电子工业出版社，2022.3
ISBN 978-7-121-37619-1

Ⅰ.①我… Ⅱ.①孙… Ⅲ.①心理交往－社会心理学－通俗读物 Ⅳ.①C912.11-49

中国版本图书馆CIP数据核字（2021）第241781号

责任编辑：杨　雯
印　　刷：三河市兴达印务有限公司
装　　订：三河市兴达印务有限公司
出版发行：电子工业出版社
　　　　　北京市海淀区万寿路 173 信箱　　邮编：100036
开　　本：720×1000　1/16　印张：14　　字数：198 千字
版　　次：2022 年 3 月第 1 版
印　　次：2022 年 3 月第 1 次印刷
定　　价：49.80 元

凡所购买电子工业出版社图书有缺损问题，请向购买书店调换。若书店售缺，请与本社发行部联系，联系及邮购电话：（010）88254888，88258888。

质量投诉请发邮件至zlts@phei.com.cn，盗版侵权举报请发邮件至dbqq@phei.com.cn。

本书咨询联系方式：（010）57565890，meidipub@phei.com.cn。

前言

社会交往活动的种种艰难之处，在于个人无法洞察他人的内在心理，无法因时因地与他人在心理上达成融合——内在心理活动上的差异和心理上的距离总会演变为一次又一次的误解、隔阂、矛盾，甚至冲突。

这个难题正日益成为多数人对社会交往的畏惧和困扰——无论是刚刚步入社会的年轻人，还是在社会上奔走的资深职业人士，也不管这个人从事的是什么职业，心理上的困扰都是一样的。

在管理领域，一个管理者最艰难的工作是不知道在与下属交流时是否真正能够让下属听进去，是被接受还是被排斥。因为无法洞察下属的内在心理变化，管理活动总是阻碍重重。

在与领导的交往中，职员普遍存在的困扰也许是不能清晰地把握领导究竟是怎样的态度：他对这件事的看法怎样？他对我的交流（汇报、请示等）是否感到满意？我是不是应该继续下面的谈话？

在社会交往包括销售活动中，当你试图亲近一个人的时候，确定对方的态度同样重要，但有时候我们总是犯错误：在我们不应该说某句话的时候说了某句话，在我们不应该谈论某个问题的时候滔滔不绝地发表长篇评说，在我们应该与对方保持距离的时候贸然亲近对方。

在家庭生活中是否存在同样的情况？答案也是肯定的。爱人可能无法知道另一半一天的生活是否愉快，在他极度不高兴的时候可能做出错误的理解和表示；在与孩子的对话中，家长最大的困扰可能是根本不知道孩子心里究竟在想什么，从而无法有效地引导孩子的思维活动。

上面所述的情况，有时候确实会造成一场灾难，而且会成为我们持续的心理困扰。现在流行一个网络词汇叫“宅”。年轻人“宅”，把自己封闭在一个小空间里排斥融入社会交往活动中；大龄人也“宅”，将自己封闭在家庭或单位的圈子里走不出去。人是社会性的动物，拒绝和排斥社会交往活动显然并不利于个人的成长和发展。

正是因为这个原因，学会洞察人心的技术是极其必要的。

尽管我们认为人心难测，但事实上只要我们掌握相关的技术，我们总是能够有效地应对人际交往中的种种问题的。

这就是本书写作的初衷。

本书是依据过去多年来国内外社会心理学研究的成果撰写而成的。这些心理学研究成果已经引起了专业人士和普通大众的广泛关注，本书是对这些研究成果的有益普及。

还有一个要点需要补充：本书介绍的不仅是关注、了解他人心理的技术，还在此基础上更深入地研究了我们应如何应对他人的内在心理变化，例如：

- 当别人濒临愤怒的时候，你怎样做才可能调节他的情绪；
- 当别人对你的谈话不加注意的时候，你怎样行动才能引起他的重视；

- 你怎样发现对方的心理弱点，从而有效地引导对方的心理变化；
- 你怎样才能知道对方是喜欢你还是厌恶你，以及怎样改变他的态度；

…………

这些内容既科学实用，又非常有趣。

现在，欢迎你进入本书为你揭示的心理世界，期待你能从中受益！

目　录

第 1 章 他是在说谎吗

第2章 或远或近的心理距离

第3章 判定对方的心理软肋

第4章 继续下去还是适时停止

第5章 伪装下的情绪涌动

第6章 谁会处在受支配的地位

第 1 章 他是在说谎吗

当说谎者想竭力隐瞒时，即使他的语言编排得天衣无缝，仍然会表露一些肢体痕迹及虚假的情绪。

迟疑：

一闪而过的面部表露

在任何突发的场合或者不可能精心做准备的场合，判定一个人是在真诚地交流，还是试图以谎言应对，面部表情的瞬间迟疑就是一个显著的信号，甚至可能是社交中能够发现的第一个重要的说谎信号。

说谎的人一般最注意控制的就是自己的语言和面部表情，他们知道交谈的对方特别在意的就是这个，但他们对自己言辞的控制往往比面部的控制更成功。因为控制言辞很容易，只要事先准备好，在没人的时候念两遍就可以了，而掩饰面部表情则是一件很困难的事情。

发现面部的迟疑信号

一般来说，当一个人试图掩饰谎言时，面部是最重要的一个地方。大多数人会通过微笑、点头等来调整和掩盖自己的内在心理活动。然而，心理学的研究表明，我们的面部特征总是不遵循我们内在的想法，它无法准确地按照我们内在的希望去加以表现。

一个明显的情况是，当一个人试图掩饰谎言时，尽管他会微笑，会点头，或者眨眼睛，但是他的整个面部表情是会出现短暂凝结的——一种类似于停顿下来的生硬的面部“迟疑状态”。这个状态大概会持续 2～3 秒。

所以，如果你足够细心，你会发现很多场合都会存在类似的情况。

如果你希望洞察这种心理活动，那么你应该更敏锐。比如，在你与对方谈判的时候，或者在你与对方聊天的时候，又或者当一个男人夸耀自己与妻子或丈母娘的关系如何融洽的时候，你需要仔细观察他的表情。如果这个人所说的和所想的并不一致，那么他的面部肌肉会瞬间提升，而且会持续 2～3 秒，这就是典型的迟疑状态。

迟疑会辅之以停顿的语言

迟疑的表情是最常见的试图撒谎的迹象。

更进一步，随迟疑而来的吞吞吐吐的语言则会进一步明确对方的说谎企图。这种吞吞吐吐通常具有下面三个特征：

◆在讲话过程中如果较短的停顿出现得过多，就是说谎的迹象。常见的是夹入无意义的语气词，如“呢”“啊”“哦”“嗯”等。

如一个推销员上门，当你问到他，产品是否能给予一年的保修时，他这样回答你：“嗯，啊……好，你放心，有的。”

这样你就该怀疑了。当你再深入地问他，或者要求出示保修证明的时候，谎言便会被攻破。如果你相信了他的话，到产品需要维修的时候，那将证明是一个大大的谎言。

◆重复某一个词，如“我，我，我说我确实……”

◆把某些词拖得太长，如“我确——实很喜欢”“这个肯——定有”。

如果拿不准，就从他的左脸判断

面部是表达情感和态度的首要信息源，细微瞬时面部表情本来就不易察觉。如果你遇上一个说谎高手，他对要说的谎言准备得很充分，可能你就无从分辨。那么，再教你一招：从他的左脸判断。

他的左脸会更加清楚地把他的谎言展现出来，具体表现就是犹豫、僵硬、凝固，你会发现那半个脸是如此的不协调。

我们常常可以在公共汽车上看见电影明星或模特儿的侧面广告，当时并没有任何特殊感觉，现在回想起来，那些人物广告和海报似乎都是左侧面。

为什么大多数影视明星广告是左侧脸？心理学研究表明，左侧脸更容易展露其内在的感情变化，从而给人深刻的印象。

比如，有人拿张相片给你看，原本左右对称的脸，你却容易被脸的左面所吸引。又如一张脸谱照片，左面为气愤的表情，右面为微笑的表情，你看过后，会被左面生气的表情所吸引，并形成一种难忘的印象。

心理学家研究发现，其原因是眼球本身的右侧（对方眼球的左侧）容易造成移动，故人的观察视觉比较容易集中在对方脸部的左侧。同样，配合眼球的活动，感情在脸部的左侧比较容易显现出来。如果用脸的同一侧合成照片，可以看出左脸比右脸的感情流露更为明显。如果你无法抓住对方心理，下意识地看看他脸部的左侧，大致可窥知一二。

说谎的人会最注意控制自己的面部表情，但即使控制得再好，他也会或多或少露出细微的迟疑表情，尤其是直接反映内心感情的左脸，表情更丰富真实！

撒谎者常常触摸鼻子

《木偶奇遇记》里，有这样一段对白：

“怎么知道我在说谎？”

“我亲爱的孩子，谎话一眼就能看出来，因为它们只有两种，一种是短腿的，一种是长鼻子的。你说的谎就是长鼻子的。”

童话故事里，匹诺曹说谎时会长鼻子；而现实中，人们说谎时，会摸鼻子！

皮诺基奥效应

美国芝加哥的嗅觉与味觉治疗和研究基金会的科学家们发现，当人们撒谎的时候，一种名为儿茶酚胺的化学物质就会被释放出来，从而引起鼻腔内部的细胞肿胀。科学家还通过可以显示身体内部血液流量的特殊成像仪器，揭示出血压也会因为撒谎而上升。

“撒谎会长鼻子”虽然是个有趣的说法，但撒谎确实会引发鼻子部位的血液流量增大，导致鼻子膨胀而产生刺痒的感觉。所以，撒谎时触摸鼻子是常见的肢体动作。

这项技术显示人们的鼻子在撒谎过程中会因为血液流量增大而膨胀，科学家们将这种现象命名为“皮诺基奥效应”。

血压增强导致鼻子膨胀，从而引发鼻腔的神经末梢传递出刺痒的感觉，于是人们只能频繁地用手摩擦鼻子以舒缓发痒的症状。

触摸鼻子的手势一般是用手在鼻子的下沿很快地摩擦几下，有时只是略微轻触，几乎令人难以察觉。女人在做这个动作时比男人幅度要小，或许是为了避免弄花脸上的妆容。所以，可爱的女士们，你们找到了一个好办法。

有时不必拆穿

美国的神经学者阿兰·赫希和精神病学者查尔斯·沃尔夫深入研究了比尔·克林顿就莫妮卡·莱温斯基丑闻事件向陪审团陈述证词的录像，他们发现克林顿说真话时很少触摸自己的鼻子，但是，只要克林顿一撒谎，他的眉头就会在谎言出口之前不经意地微微一皱，而且每四分钟触摸一次鼻子，在陈述证词期间他触摸鼻子的总数达到 26 次之多。

这是一个妻子看完美剧《别对我撒谎》后的描述：

从看了这部美剧以后，我就开始用里面教的各种方法来分析老公跟我说话时的语气、动作、表情，以此来探求他是不是在对我撒谎。

上周五，他打电话给我说要加班，但是说话时犹犹豫豫的，我知道他在撒谎。如果说话时迟疑、重复，没有办法很好地组织自己的语言，很可能是在说谎。

可是，我装作不知道，我看看他有什么可隐瞒的。于是，我来到他公司楼下等着他，他下班后，我就偷偷跟踪他。我发现原来他只是跟他的好朋友们聚会，之所以瞒着我，大概是因为我曾经说他们是“狐朋狗友”。晚上他回到家，我假装什么都不知道，拉过他的手问他：“今天是不是很辛苦？工作完成了吗？”他摸了摸自己的鼻子，说：“我努力工作都是为了让你过上更好的生活，不辛苦。”

男人抹鼻子，通常是在说谎。对于老公的谎言，我一笑置之，并没有戳破。

在生活中，如果我们碰到的是无伤大雅的小谎言，最好不要介意，还应检讨一下他为何要对自己说谎，让自己更完美。不过若是在原则性问题上撒谎，你就要判断是否该采取进一步的措施了。

是感冒还是在说谎

另外，千万不要忘了，摸鼻子是经常发生的一个小动作。在鉴定他人是否说谎时，这个动作还须结合我们所说的其他说谎迹象。有时候对方做出这个动作只是因为花粉过敏、感冒，或者被眼镜压迫而感到不舒服。

而且，虽然撒谎的确是引发触摸鼻子这一手势的原因，但同样，当一个人处在不安、焦虑或者愤怒的情绪之中时，他的鼻腔血管也会膨胀，也会出现触摸鼻子的情况。

所以，这是一个有用的鉴定对方是否在说谎的辅助手段，而不是一个完全判定的手段。借助这个手段时，要记住这样一个规则：单纯的鼻子发痒往往只会引发人们反复摩擦鼻子这个单一的手势，而和人们整个对话的内容、频率和节奏没有任何关联。但如果这中间存在某种联系，你就必须对他的谈话内容加以警惕了。

当人们撒谎的时候，一种名为儿茶酚胺的化学物质就会被释放出来，从而引起鼻腔内部的细胞膨胀。因此，说谎的人都非常喜欢触摸自己的鼻子。

用手遮住嘴巴传达的信号

在一本绿皮教战小手册中，传授了谈判的秘诀，其中一个秘诀是，如果与其他人员进行交谈，必须要用手遮住嘴巴，这样做是为了遮“唇语”，避免被收集谈判情报。

但在现实交往中，当对方用手遮住嘴巴时，他传达的信息却不是这样的，或者说至少不限于这样。那么如何辨别对方用手遮住嘴巴传达给我们的不同信号呢？下面我们将一一剖析。

“不能让他看出我说了谎”

心理学家告诉我们，在和别人交谈时，如果对方突然遮住嘴巴，那么他大多是因为说了谎，他正试图通过捂住自己的嘴巴抑制自己说出那些谎话，或遮挡说谎的痕迹。有些人还会在遮住嘴巴的时候为了自然起见，不自然地假装咳嗽来掩饰。

例如，在电影里，经常会有这些我们熟悉的镜头：一个小偷或者罪犯做了坏事，他假装正常地从警察身边走过，他总会四处瞄一眼，然后遮住嘴巴轻咳一声。当警察拦住他问话时，他会假装自然地放下手应答，但是殊不知，往往是这“一遮”“一咳”让他露出了马脚。

把手放在嘴巴中间是“停止说下去”最常见的示意（见左图）；但在更隐蔽的场合，人们通常会用捂住嘴巴来掩饰不经意间的说谎（见右图）。

在另一种情境下，遮住嘴巴也是表示对方正在撒谎或者阻止自己说出实话。例如，在公司集体会议上，领导做完介绍后会停下来对大家说：“大家有什么意见都说来听听。”整个会议室里一片安静，领导点到了某位同事，问他是否有话要说，他摇摇头说“没有”，这时，他说话的同时遮住了嘴巴，或者用几根手指或者紧握的拳头遮住嘴巴，那么他很可能在撒谎，他心中实际上有意见，但是有顾虑不想当众发表意见，他在遮住嘴巴的同时，嘴巴的形状很可能是咬着下嘴唇或者撇嘴。

咬着下嘴唇的潜台词是“说，还是不说？还是不说为妙”。

撇嘴的潜台词是“我才不说呢，说出来得罪人又引争议”。

用手遮住嘴巴就如同把食指竖立在嘴唇前跟别人说“嘘”的手势一样，都是一种表示不要把不该说的说出口的意思。如果在和对方聊天时，对方下意识地遮住了嘴巴，你就要注意听话里的深意了，对方是否想在这儿“一谎带过”呢？

“这个秘密不能（本不该）让他知道”

情景一：张丽和姚芳正在公司休息室聊天。

姚芳：这个季度的奖金终于发了。

张丽：这个季度咱们部门每个人奖金说是差不多，是不是都是2000元？

姚芳（惊讶地）：啊？（下意识地遮住嘴巴，随之点点头）好像是吧。（转话题）这次买的新咖啡比上次的好喝是吧？

其实，姚芳的奖金是3000元，而且她知道几个同事都是3000元，姚芳下意识地遮住嘴巴，是因为这个事实不能让张丽知道。

因此，当你和别人交谈时，一定要学会察言观色，如果对方跟情景一中的姚芳一样说话说到一半或者刚开了个头，但是突然打住，下意识地遮住了嘴巴，这时，很可能对方将要说出一个本不该告诉你的事情，但是在无防备时说了个开头。这种情况下我们只要专注于双方的谈话，就会很容易判断出对方遮住嘴巴代表的意思，那就是“这件事情不该让你知道”。这时候，你可以根据对方吐露的开头和当时的语境推断出对方欲言又止的内容。

情景二：潘岳在一家餐厅遇见了张敏。

张敏：好久不见了，潘岳。

潘岳：哪有好久不见，我上周日还在步行街看见你，你和你男朋友一起，我叫你，你没听见。

张敏脸色一沉：我穿着什么衣服？

潘岳下意识地遮住了嘴巴，犹豫了一下说：白 T 恤、牛仔裤。

张敏气呼呼地掏出手机边往外走边打给男友，潘岳心中一阵懊悔，知道自己说错了话。

无意间说出了一件本不该说出的事情，这时下意识地遮住嘴巴有后悔、自打嘴巴的意思。此刻对方的内心独白是“这个秘密不该让他知道，我怎么给说漏嘴了”。这时我们正确的应对法方式是，不管对方说的秘密多么让你惊讶，你也应该表露出不是很感兴趣的样子，这样对方才会心安一些，接下来和你的交谈也会顺畅许多。否则，对方会陷入说漏嘴的懊悔中，后面说话时会分外小心，这样交谈就会流于形式。

笑的时候不要用手遮住嘴巴

一个男士曾苦恼地说起他的一次遭遇。有一次在公共场合，他正在和一个漂亮女士讲话，这个女士有一个习惯，那就是她在笑的时候总是用手捂住嘴巴。那天的谈话非常有意思，这位女士就一直捂着嘴低声地笑。后来这位男士发现旁边的人都捂住嘴用异样的眼光看着他，男士莫名其妙，最后才知道，那位女士一直捂住嘴，其他人都以为这位男士放屁了。

为了避免出现这种尴尬的情况，我们在笑的时候不要用手遮住嘴巴。现如今已不是古代，女子笑不可露齿。大方得体的微笑让人看起来更有涵养和气质，千万不要让你不经意的捂嘴动作造成误会。

当人们遮住嘴巴时，这个动作的潜台词是“不能让他看出我说了谎”或者“差点说出我的真心话”。

手指放在嘴唇之间：渴望安全感

将手指放在嘴唇之间的手势，会让我们想起很多小孩子吃手指头的模样。心理学家研究表明，人们将手指放在嘴唇之间的手势，与婴孩时代吸吮母亲的乳头有关系，是人们潜意识里渴望母亲给予的那种安全感。因此，当人们犹豫不决、有压力或者感觉孤立时，总会将手指放在嘴唇之间，当然有时手指还会代之以实物，如烟、笔等。

在这种不安全和犹豫情绪的影响下，人们会撒谎或者拒绝透露内心的真话。很多时候，对方会在话说到一半时突然中途打住，将手指放在嘴唇间做思考状，这个手势是在告诉你：对不起，我接下来的话不便透露给你！

这时，你有两个选择：知难而退，或者撬开对方的嘴巴！很显然，在人际交往中，撬开对方的嘴巴，挖出有价值的信息，能让我们的社会交往效能更高。

故意说错话，消除对方的戒备心

美国内华达大学拉斯维加斯分校的恩格斯托姆博士做了一个实验，他让 80 名观众在看播音员报道时，挑出他们说错话的次数，然后结合录像，对播音员的能力给出评价。结果表明，观众对于播音员能力的评价，和他们说错话的次数成反比，即说错话的次数越多，越容易被评价为“能力不强”。

也许“能力不强”是个负面评价，但是在和别人的交谈中，这却是消除别人戒备心理的法宝。你越是说错话，对方就越会觉得你是个容易犯错的普通人，那么对方和你的交流就没有什么心理负担，就会轻松地和你交谈了。当然，在专业的商务场合，说错话会让我们的专业能力受到怀疑，我们还是不要故意犯不应该犯的错误。

当人们犹豫不决、有压力或者感觉孤立时，总会将手指放在嘴唇之间，当然有时手指还会代之以实物，如烟、笔等。

给别人纠正你的机会

故意说错话，让别人来纠正你的说话技巧，我们可以称为“以话套话”。在这种情况下，对方会在不经意间说出重要的信息。下面这段对话是一个做猎头的朋友跟我提到的一个场景，我觉得用在这里非常恰当。

“市场部的叶青，好像是 A 大毕业的吧？”

“不对，他是 B 大毕业的，还留过学。”

“啊，是吗？难怪他能得到这次出国访问的机会呢！不过我觉得你的经历更有含金量，就是机会的问题。”

“希望是吧……唉，谁让人家和领导的关系处得好呢！”

从这段对话中我们可以看出，说话者和同事叶青以及领导的关系一般，说话者有一种怀才不遇的感觉，而这正是猎头用以挖人的重要信息。

说秘密也是可以感染的

美国情景喜剧《六人行》里面钱德勒有一句台词：“I tell people

secrets, it makes them like me.”意思是“我告诉别人秘密，这让别人喜欢我”。在现实交往中，一定程度上，这是一句箴言。如果你先透露一些对方感兴趣的秘密，对方也会告诉你一些他认为的“猛料”，这是一个“心理感染”的过程。好比你看起来很高兴，和你聊天的人很快也会被你感染而高兴起来，说秘密也是可以感染的。但是，告诉别人秘密一定要把握好度，千万不要道听途说，这会降低你在别人心目中的威信。

给对方承诺和保证

如果在谈话的过程中，对方做出将手指或笔等东西放入嘴唇间的动作，你要及时判断这是对方心中犹豫不决的时候，为了让对方吐露出有价值的信息，你应当积极给对方承诺和保证。例如，在问完问题后，先向对方承诺不会告诉第三人或相关人物。

“放心，我肯定不会告诉别人的，我发誓。”

“我觉得跟你分享秘密很让人放心，因为我们都是口风很紧的人。”

当然，这样的承诺一旦做出，你就应该信守承诺。在与人交往过程中，信守承诺的人才能获得别人的信任。如果你这一次将对方不愿意让别人知道的秘密告诉了其他人，那么，你以后可能永远都无法听到别人的秘密了。

将手指放在嘴唇之间和嘴里咬支笔、叼支香烟的意思一样，都说明此人内心非常渴望安全感。这个动作的最初源头是婴儿时期吃奶的动作。

摩擦眼睛隐藏内心的不安

我曾经见过一个小瓷器，塑的是三只小猴子，其中，一只小猴子用手盖住了自己的耳朵，一只用手蒙住了自己的眼睛，一只用手捂住了自己的嘴巴。这三只小猴子的姿势代表的意思分别是非礼勿听，非礼勿视，非礼勿言。这三只小猴子所传达的意思其实就是做人的标准。其中用手蒙住了自己眼睛的小猴子是启迪人们要善于发现别人好的一面，而不去看别人的缺点。“非礼勿视”也说明了人们在面对不愿意看见的人或事物时，总是选择捂住眼睛！

说谎的人往往不敢直视别人的眼睛，因此，打算说谎或正在说谎的人，往往会用手摩擦眼睛来下意识地挡住自己不自然的眼神。

我们都有这样的经历，当我们在和父母或不太熟的异性一起看电影或电视剧时，遇到男女主人公亲热的镜头，我们总是做出摩擦眼睛的手势，并且期盼这个镜头尽快地过去。这个手摩擦眼睛的动作传达的其实是我们企图阻止眼睛看见令人不愉快、不舒服或怀疑的事情。因此，记住，当别人摩擦眼睛时，这个手势代表的意思是：“我很不安，我不想看它！”

睁眼说瞎话！

Mary 将一份重要的文件交给了同事 Linda，后来主管向 Mary 要这份文件时，Mary 来到 Linda 办公桌前向 Linda 要文件，Linda 在办公桌上翻了一遍没找到。后来，Linda 想了一会儿，恍然大悟似地说：“对了，我当时用完就给你了。你当时在打电话，我就放在你桌子上了。”

Mary 一听就知道 Linda 在睁眼说瞎话，因为自从她把文件给 Linda 的这三天来，她一直在忙着做策划案，根本没有工作上的电话可打，而私人电话Mary都是在办公室外打的，而且Mary注意到，Linda在思考文件的去向时，下意识地用手摩擦了几下眼睛。

在日常生活中，只要注意观察就会发现，一个人在酝酿谎言、说谎言与说出谎言之后，都会有用手摩擦眼睛、不自然地笑等动作。电影里面，一般反面人物会在说谎或者做坏事时有抓摸眼睛的动作，这个动作一般代表人的伪善或心虚。很多时候，正如前面案例中的Linda一样，对方会当着你的面睁眼说瞎话，这时要辨别出对方是否在说谎是非常容易的，因为人的眼神是无法骗人的。心理学家研究发现，说谎的人往往不敢直视别人的眼睛，因此，打算说谎或正在说谎的人，往往会用手摩擦眼睛来下意识地挡住自己不自然的眼神。

摩擦眼睛时看向别处

如果你觉得无法单凭摩擦眼睛这个动作判定对方是否在说谎，那么还有一个小窍门可以告诉你，说谎的人在摩擦眼睛时还常常会看向别处！

例如，我们常见的电影里的场景，警察在审讯犯人时，犯人一般在回答问题时不时搓揉一下眼睛，同时将头低下或者将脸转向别处，这说明这个犯人正在试图掩盖一个弥天大谎，因此他会把脸转向别处以避开警察审视的目光。

即使说谎者在脸转向别处的时候做出了听起来还算合理的解释，但是他还是管不住留在别人眼前的那另一边脸的表情变化，和转过头那一刻的眼神变化。

李杰去一家广告公司面试，面试官看到李杰简历上有在一家国企的广告部实习的经历，于是便问李杰在这家单位负责了哪些事情。李杰其实没有在这家单位实习的经历，他的一个同学有在这家单位实习的经历，他觉得很有用也就写了进来。但是李杰提前准备了应对的答案，于是当面试官问到这个问题时，他比较流利地按准备好的答案说了一遍。

但是，最后李杰并没有被这家公司录用，原因是李杰在陈述实习经历的时候几次下意识地偏转了一下头，像在做思考状，好像对自己的实习经历不熟悉。后来，面试官打电话到这家单位询问李杰的实习情况，这才得知李杰所说的全是虚假的。

若一个人说的是实话，他肯定有勇气看着你的眼睛说。在摩擦眼睛的同时将头转向别处的人，是在告诉你：他说了谎，而且正在编造更大的谎言！

判断他是眼病还是心病

一个人在摩擦眼睛时，就说明他正在撒谎吗？答案是否定的，因为我们不能忘了在一种情况下人也会不由自主地去摩擦眼睛，那就是他眼睛真的不舒服！

在摩擦眼睛时，有些人会直接告诉你他眼睛不舒服，而且从对方眼睛泛红的状况和不舒服的表情来看，他确实是眼睛不舒服，这时，不要把摩擦眼睛的动作看成他在撒谎，否则就会发生误会。

所以，任何表情解码都不是一定的，应该根据当时的情形来判断对方的手势代表的意思，不能犯“教条主义”的错误。是眼病还是心病，要先观察，再判断，最后下定论！

说谎的人往往会用手摩擦自己的眼睛，下意识地挡住自己不自然的眼神。

抓挠耳朵代表什么意思

我们常常会看到这样一个场景：父母在屋外骂孩子，而孩子在自己的屋里用两只手堵住自己的耳朵，它代表的意思是我不想听见你们骂我的声音。而成年人在不想听别人说话时，不会用手堵住耳朵，但会抓挠耳朵！

成年人在抓挠耳朵时，会抓挠不同的部位，而抓挠不同的部位对应不同的意思，现在就让我们一起来读解这些密码吧！

摩擦耳廓背后：非礼勿听

假设你是一位电脑销售人员，你对一位顾客说："这款电脑配置高，双核的，2G的内存，300G的硬盘，而且只要9000多元……"这位顾客看了一眼电脑，下意识地用手指摩擦了一下耳廓背后，把头转向一侧，说："我再考虑看看。"

这时，如果你继续游说对方买这款电脑，结果很可能是不会成功的，因为对方摩擦耳廓背后，表示听话人"非礼勿听"的企图，他想通过摩擦耳廓背后来阻止这些话进入自己的耳中。

摩擦耳廓背后代表的意思是对方对你现在表达的观点持相反意见，他正酝酿着发表自己的观点。

在日常工作环境中，假如你在和一位客户谈判，你正在发表意见时，对方侧着头用手指摩擦着耳廓背后，这代表的意思是对方对你现在表达的观点持相反意见，他正酝酿着发表自己的观点，因此，这时，你就应当给对方发表意见的机会，否则交流就会没有效果。

不停地抓挠耳垂、耳背："我很焦虑"

李璐是个非常细心的人，她总能时刻观察到周围人的动作变化并读解出其中的意思。有一次，李璐在工作之余抬头看了一眼周围，发现背对着她坐着的小王正盯着电脑，不停地抓挠耳背。这时，李璐悄悄走到小王跟前，询问小王是否需要帮助。原来小王对图片处理还不熟练，遇到了一个技术难题，半天没有搞清楚。后来，李璐三下五除二就帮小王把这个问题解决了。就这么一个顺手的小忙，李璐赢得了小王的极大肯定，因为其他同事都自顾自，没有人主动发现别人的问题并伸出援手。

李璐只看了小王一眼，看到的还是他的后背，她是怎么判断出小王遇到了困难呢？相信各位都已经猜到了，对，就是小王那个不停地抓挠耳背的动作泄露了秘密。人们在心中焦虑时总会有不停抓挠的动作，在座位上不停乱动等，这些持续的小动作正反映出对方焦躁不安的内心。这时，如果你能看出其中端倪，主动询问对方，帮助对方，使对方顺利摆脱焦虑困境，你和对方的距离将会大大拉近。

把整个耳廓折向前盖住耳洞："我已经听得够多了"

如果你在和别人交谈的过程中，对方把整个耳廓折向前盖住耳洞，那么你应该立刻停止目前的谈话，因为对方这一动作正在告诉你："我不想再听你说了，我已经听得够多了。"

用耳廓盖住耳洞，是直接阻止不愿意听的话进入耳朵的表现，是所有抓挠耳朵动作中最直接传达不耐烦信息的动作。例如，在电影中，我们常常看见这样的情景，女主人公去相亲，可是相亲对象不是她喜欢的类型，而且是个话痨，女主人公常常一面看着对方假装微笑着，一面把整个耳廓折向前盖住耳洞，耳朵里有嗡嗡的响声。随后，对方的声音越来越远，女主人公只看着对方的嘴在不停地一开一合，而听不见任何声音。

当然，这其中加入了电影语言，人的主观感觉被很具象地表达了出来。如果你对面的人做出了用耳廓盖住耳洞的动作，千万记住，要及时转移话题或者停止交谈，否则就会给人留下啰嗦和喋喋不休的印象。

用指尖掏耳朵表示不屑

你正在热情高涨地说着一件事情，而对方却把指尖伸进耳道里掏耳朵。如果你观察到这个动作，你一定会非常不悦，因为这个动作表示对说话者的不敬和对话题的不屑一顾。这时，你可以很礼貌地提醒对方，微笑着询问对方："您在听吗？您有什么看法？"如果对面坐着的是领导或者长辈，你就应该考虑转换话题或者给对方发言的机会，因为继续说下去是无效交流，对方的心思不在你的话题上，而在他自己身上。

耳朵痒不该在这时挠

有些人在看到前面几节时会心想，我有时候也会用手挠耳朵，或者用指尖掏耳朵，但是我确实是耳朵痒才挠的，并没有拒绝倾听和对别人不耐烦的意思。如果是这样，那么我要告诉你，即使耳朵痒，也不该在这时挠，因为在和对方交谈时，你的这些抓挠耳朵的动作会相应地给对方这些负面的感觉。

看到这里有些人会说了，耳朵痒我们下意识地去挠是正常的生理需求，不然会很难受。那么你挠耳朵也要掌握技巧，要趁对方不注意时迅速地抓挠一下耳朵痒的地方，或者在捋头发或者变换坐姿的同时顺便抓挠一下耳朵，而不要让你的手持续地在耳朵周边"转悠"，那样是会带来误解的。

很多人有抓挠耳朵的习惯，殊不知，这个动作给人的感觉是这个人很不想听对方说话。因此，不要让你的手持续地在耳朵周边“转悠”。

抓挠脖子的秘密：口是心非

如果在交谈过程中，一个人说“我非常理解你的心情”，同时，我们看见他在抓挠着脖子，那千万不要轻易相信他说的话，他抓挠脖子的动作已经透露了他心中的秘密，那就是他并不能理解，他此刻正在口是心非地说话！

看他是怎样抓挠脖子的

心理学家研究发现，人们抓挠脖子时用食指抓挠脖子的侧面或者耳垂下方那块区域，而且食指运动的次数一般为五次左右，这个动作代表的意思是对于所说的话语不确定或不安。

用食指抓挠脖子的侧面或者耳垂下方那块区域，而且食指运动的次数一般为五次左右，这个动作代表的意思是对于所说的话语不确定或不安。

宋佳是一名新进职员，工作了一段时间之后，发现了公司的很多问题。宋佳是个非常有责任心的人，所以宋佳勇敢地跑去找总经理反映问题。总经理听完宋佳一番激动的说辞之后，会心地一笑说：“我觉得你说得非常有道理，我会和上级领导讨论这几个问题的。”

过了很长一段时间，宋佳提出的问题没有得到改善，宋佳百思不得其解，为什么领导当时觉得自己的建议非常有道理，可是迟迟不给反馈呢？后来，宋佳在看了美剧《别对我撒谎》后才明白了其中道理。当时总经理在说“我觉得你说得非常有道理，我会……”这句话时，他的手在摩擦着自己的脖颈。当时宋佳没觉得这个动作有什么不自然，只是认为这是总经理的一个习惯性的下意识动作，没想到这个动作传达的是总经理对她提出的意见持保留态度，只是不愿当面打击她的热情而已。

怎样说话可以让对方把手从脖子上拿下来

如果我们不像前面说到的宋佳那样，对对方抓挠着脖子说出的话深信不疑，那么，我们可以在识别对方“口是心非”的痕迹之后，扭转说话方式，让对方从怀疑和否定的态度变为思考进而肯定的态度。

在宋佳给总经理提完意见后的一个月，在公司工作了一年的叶莉走进了总经理的办公室。叶莉也是来提意见的，但是叶莉的意见是关于自己薪酬的。叶莉觉得自己在公司工作了一年，不论业务能力还是处事能力都有了很大程度的提高，而她目前的工资水平和她的能力不匹配。

叶莉说完这些情况后，总经理笑了笑，将后背靠在椅子上，抓挠着脖子说：“你说的这些公司都考虑到了，我也承认你的能力确实有了一定程度的提高，但是我觉得你还有很大的提升空间，而且你的工资水平在和你同期进公司的人里面已经是相对比较高的了。”

当叶莉意识到自己的请求马上就要遭到否决时，叶莉马上改变策略，她勇敢地针对总经理的顾虑提出了一个建议，这个建议让总经理对叶莉的看法顿时改变。公司正要开发年度新产品，叶莉许下诺言，要帮公司新产品做出一份漂亮的策划书。如果策划书获得认可，公司就要为她涨工资；如果策划书被否，她的工资水平维持原状。总经理被叶莉的魄力征服了，他摸着下巴，赞许地点了点头说：“好，就按你说的来。”从总经理把手从脖子挪到下巴的那一刹那，我们知道，叶莉已经获得了一半的成功。

我们无须惧怕相反意见，在遇到别人怀疑的目光和“口是心非”的态度时，我们要做的是积极应对。例如，在给领导提出意见时要同时给出建设性的建议，这样的意见才容易被接受；在反驳和说服对方时，要多用事实性论据，如数字、权威报道等。当然，要想让对方对你由怀疑转为肯定，最快捷的方法是像叶莉一样拿出魄力和勇气。

放弃那些老是口是心非的人

积极引导“口是心非”的人说出口心一致的话，这是我们日常交往中应该有的积极的应对态度。但是，如果遇上了老是“口是心非”的人怎么办呢？别犹豫，放弃他！

美剧《英雄》中主人公之一马特·帕克曼具有的超能力，就是他可以听到对方内心真正的声音，对方表面上表现出客套，可是内心深处的声音却是对他的怀疑和轻视。这种能够看到“口是心非”事实的超能力让马特·帕克曼一度痛苦不堪。

在现实生活中，我们也会遇上“口是心非”的人，但是我们不可能一次就辨识出来，而要经过几次深入的交往才能慢慢发现。在几次被对方欺骗后，我们会发现此人爱撒谎的特征。这时，理智的做法应该是放弃和这个口是心非者交往，否则你只能活在谎言中。

用食指抓挠脖子的侧面或耳垂下方区域，这个动作经常代表讲话者对于所说的话语并不确定。

拉拽衣领：隐藏说谎后的恐慌

拉拽衣领原因之一：撒谎使敏感的颈部产生刺痒感觉。

英国著名动物学家和人类行为学家德斯蒙德·莫里斯经观察发现，人们在撒谎时会在敏感的面部和颈部产生刺痒的感觉，因此他们下意识地通过摩擦或者抓挠的动作消除这种不适。所以，当看见对方在同你讲话时频频拉拽衣领，你可以推测出，他可能因为撒了谎正在担心谎言被识破。

男人和女人，谁更喜欢拉拽衣领

观察发现，在现实生活中，男人比女人更喜欢拉拽衣领，这是因为男人平时穿西服、衬衣比较多，而女人的衣服种类多样，而且很多衣服是不带领子的，因此客观条件决定男人更喜欢拉拽衣领。

例如，男女相处时，女生最喜欢问：“你的前女友长什么样子？”“她的性格是怎么样的？”而对于妻子来说，丈夫前任女友的情况更让她好奇。妻子总认为自己有权知道丈夫过去女友的真实情况，她有多好，她有多美。丈夫被询问这些问题时，总是会很烦躁，而且这次说的细节和上次的不一样，进而会激起大战来。因此，聪明的男人总是淡淡地说：“我过去的女朋友，就那么回事。”但是仔细观察会发现，在说这些话或者说完时，男人总会下意识地拉拽自己的衣领，因为谎言让他们心虚，他们担心谎言被妻子拆穿。如果妻子继续追问，丈夫拉拽衣领的动作可能还会再次出现。

相应地，同样的问题如果放在女人身上，她的反应可能是转移话题或在说话时将脸转向别处，但很少有拉拽衣领的动作。我们可以这样理解：女人更注重仪表仪态，拉拽衣领的动作看起来比较男人气，女人会较少做出这个动作。我们并不能根据拉拽衣领的次数来断定男人比女人更容易撒谎。

拉拽衣领伴随的面部表情

如果不能单凭拉拽衣领来判定对方是否撒了谎，我们还可以观察表情，因为如果对方撒了谎，他在拉拽衣领的同时还会伴随细微的面部表情。

躲开直视的眼神

一个人在撒了谎时，总是不敢直视对方的眼睛，因为大家都知道眼睛是最容易泄露秘密的器官。设想假如你撒了谎，你在面对别人期待或审判的眼神时，你会表现出自然的神态吗？答案是否定的。从对方躲闪的眼神和下意识拉拽衣领的动作，你基本可以确定他正在撒谎，他刚才说的话很不可信。如果你继续观察，他还会有其他表情透露出他撒谎的信息。

不自然的笑容

不自然的笑容是很多人在说出言不由衷的话语时会露出的表情，例如，一个“口是心非”的人对着一个正在为体重问题烦恼的女士说：“你的体重挺标准的，根本不用减肥。”说完，双方都会露出不自然的笑容。“口是心非”者是因为说了虚伪的话而不自在，所以露出掩饰的笑容，而听到谎言的人是因为不相信而露出附和的假笑。

微笑时细纹只出现在嘴四周

科学家研究发现，自然的笑容会让人的眼睛四周出现细纹，而在不真诚的笑脸上，人的嘴角只是轻轻上扬，因此细纹只会出现在嘴的四周。真心的笑容是一种下意识的面部动作，它不受大脑直接控制，而是面部肌肉自主运动的结果。当你觉得非笑不可时，大脑发出了发笑的指令，然后由你亲自去调动脸部肌肉的运动，这样整个笑容就会露出不自然的感觉。

拉拽衣领一定是撒谎了吗

在很多电影场景中我们会看到，烦躁沮丧的男主角在看到自己喜欢的女生被别的男人保护时，总会非常急躁不安，于是他会使劲拉拽自己的衣领，解开衬衣第一个纽扣，如果打着领带则会急躁地放松领带。这个动作的产生，是因为人在烦躁时火气很大，下意识地使劲将衣领拽离自己的脖子，想让凉爽的空气钻进衣服里，好透透气。

因此，拉拽衣领并不一定是在撒谎。当你看到对方在做拉拽衣领的动作时，如果你不能确定这是他对你们对话的下意识反应，还是因为他自己心情烦躁，你可以真诚地微笑着询问对方：“您是不是有什么不舒服？您有什么话就直说好吗？”“请您再说一遍刚才的话行吗？”这样，对方再次反馈时就会说出他真实的意图。

> 人撒谎时会在敏感的面部和颈部产生刺痒的感觉，因此他会下意识地通过摩擦或者抓挠的动作消除这种不适，这便出现了我们常见的拉拽衣领的动作。

摊开的手掌意味着真诚

在法庭上，证人都要举起手掌以证实自己证词的真实性。自古以来，一见到摊开的手掌，人们往往就会联想到坦率、诚实、忠诚等形容优秀品质的褒义词。假如你想知道对方是否真诚，最有效的方法就是观察他的手掌动作。

从手掌探知对方的诚意

父母问小孩：你有没有偷拿抽屉里的十元钱？

小孩摇着头说：没有（同时小孩将手背到身后，其实小孩背在身后的手里正攥着十元钱）。

摊开手掌的潜台词是：“相信我，我说的是实话。”

这是我们熟悉的一个现象，小孩在撒谎以后总会将手背在后面，有时背后的手里就攥着秘密，有时这只是个下意识的动作。小孩在说谎的同时将手背在后面，脚步往后退，有时候会退到墙角这样的地方，因为这在心理上会给说谎者一种安全的感觉。而对大人来说，说谎时虽然不会将手背到后面，但是也会从手掌上显示出痕迹。

妻子问正在看电视的丈夫，昨晚回来那么晚去了哪里。

丈夫平静地说：和客户吃饭，就是新的供货商……

善于察言观色的妻子看到了丈夫在回答她的时候的小动作，丈夫放下手中的遥控器，将后背靠在沙发上，将手藏进口袋里。他的这一动作让妻子觉得他在撒谎，但是妻子没有拆穿，而是假装没有察觉到，对丈夫更加体贴。在妻子的体贴之下，丈夫的态度也渐渐改变，对妻子格外关心，回家晚的情况越来越少了。

研究发现，女人在撒谎时一般会选择逃避话题或借故离开现场。而男人则会将双手置于口袋之中，这里将双手藏起来有“袖手旁观”之意，意思是我并不想加入目前讨论的这个话题中来。如果对方将双手摊开，有欢迎之意。在人们为了表示自己诚意时，总是摊开手掌，意思是“我坦白告诉你”“我错了，我道歉”。如果你看到对方在谈话过程中，不经意地将原本紧握的双手慢慢打开，“直觉”告诉你，对方正在放松戒备，在这种心理下，对方所说的话肯定不是谎言。

摊开的手掌也会行骗

在看了上述内容以后，很多人肯定心里暗暗下定决心：“下次说谎时我一定不把手藏起来。”如果出现这种情况，我们该怎么辨别对方摊开的手掌是真诚还是虚假呢?

如果对方所说的话很明显漏洞百出，即使他摊开手掌也不能掩盖谎言，而且摊开手掌的动作和谎言的自相矛盾会给人留下非常不好的印象，这个坏印象可能影响他以后与人的交往。

如果对方所说的话是谎话，但是手掌自然摊开配合得很完美，人们可能被蒙骗一两次，但是人们往往不会在同一块石头上绊倒两次。因此，一两次谎言的代价可能是以后成为喊“狼来了”的孩子，即使以后说了真话，人们也不会再相信他了。这也启示我们，在与别人日常交往中，一定要说话和行动一致，不要用摊开的手掌来行骗，因为这迟早会报应到自己头上的。

有效利用手掌的力量

我们常常用眼睛、眉毛、嘴唇、坐姿等肢体语言来判断对方的言外之意，但是常常忽视了还有一个重要的身体部位可以传达人们的真意，那就是手掌！从乐队指挥或者将军手一挥就可以带动一个乐队或者千军万马，我们可以看出，手掌可以生发出神奇的力量，如果我们有效利用好手掌的力量，我们将能做成很多事情。

一般来说，手掌传达指示的动作主要有四种：手心向上，手心向下，十指交叉，合掌伸指，这四种手势代表了不同的意思。前面两种手势代表的意思我们会在后面第 3 章中详细介绍，这里我们主要介绍后两种手势代表的意思。

在交谈过程中，如果对方下意识地将双手十指交叉扣在一起，这表示对方对你表达的意见持相反态度，他正准备着选择合适的时机反驳你。这时，你要准备好应对对方的相反意见。

合掌伸指是日常交往中表意最明显也最强烈的一个手势，它有指示、命令对方去做某事之意。因此在日常交往中，一般不要对对方做出合掌伸指的手势，这会引起对方强烈的反感。特别要注意的是，在马来西亚和菲律宾，这样的手势表示对别人的侮辱，一定要注意文化差异，尊重民族习惯。

如果掌握了不同手掌姿势代表的意思，我们和别人的交往就会顺畅许多，我们也可以有效利用手掌的力量去求得更好、更理想的交流效果。

> 日语中有一句话直译过来就是“让对方看你的手心”，它表示的意思是要真心对待对方。当一个人将手掌摊开时，一般来说他是真诚可信的。

微笑能够隐藏谎言吗

微笑常被认为一种展示幸福、快乐、对人友善的信号，微笑的基本特征是它具有感染力，当你向某人微笑时，无论真假与否，对方都会自然地回馈给你一个甜美的微笑。但是微笑就代表真诚吗？答案是否定的。微笑也能隐藏谎言！

什么样的微笑表示发自内心的开心

法国科学家纪尧敏·杜胥内·德·波洛涅通过对断头台下身首异处的人的头颅进行分析来研究人面部肌肉收缩的方式。研究发现，人的笑容是由两个部分的肌肉组织控制的。第一部分是颧骨处肌肉，它可以带动嘴巴微咧，双唇后扯，露出牙齿，面颊提升，然后将笑容扯到眼角上。我们可以有意识地控制颧骨处的肌肉，在没有开心的事情发生时也可以调动这部分肌肉，以制造虚假的笑容。

第二部分是眼轮匝肌，它可以通过收缩眼部周围的肌肉，使眼睛变小，眼角出现褶皱，也就是我们常说的鱼尾纹。这部分肌肉是不受我们的意识主动控制的，因此，它调动的笑容一般是发自肺腑的真心笑容。因此，要想看一个人的微笑是否是发自内心的开心，我们可以看他微笑时眼角是否有鱼尾纹。因为敷衍或虚假的笑容只能使双唇四周肌肉收缩，而发自内心的开心不仅会使双唇后扯，嘴角上提，还会带动眼轮匝肌运动。

真心的微笑一般是嘴角上扬，而且有明显的鱼尾纹（见左图）。而不是发自内心的微笑，通常只看到嘴角上扬，但不会出现明显的鱼尾纹（见右图）。

为何微笑有感染力

微笑最基本的特征是它具有感染力。科学家们最近找到了证据，证明人在面对别人微笑时，也会在自己的大脑里留下微笑的痕迹。

来自英国伦敦哈默·史密斯医院的研究人员证实，一个人的微笑及高兴的情绪，会在他面对的对象大脑中留下类似的情绪反应，这就是为什么一群人聊天，有几个人情绪特别高涨，当你进入这个谈话情境以后，你的情绪也会高涨起来。同样，一个人焦虑或者情绪低沉，也会使交流对象产生相同的情绪反应。

但是，研究人员通过研究发现，微笑及高兴的情绪所引起的正面反应，比焦虑或低沉情绪所引起的负面反应，力量要强大得多，也就是说，微笑不仅有传染力，还有压倒性的传染力。

研究发现，一个小孩平均每天会笑 400 多次，而成人则只会笑 15 次左右，这也许正是小孩能给人带来更多快乐的原因吧！

什么样的微笑可以看出他在撒谎

虽然微笑具有传染力，但是微笑也可以人为制造出来，也就是说微笑有真笑和假笑之分。当我们看见有人冲我们微笑时，我们大都会有一种满足感，而不会去思考这笑容究竟是真是假。而在微笑的感染下，人们常常会放松戒备，于是那些爱撒谎的人会钻这些空子，在撒谎的时候用微笑来掩盖。为了不让微笑以假乱真，我们必须培养自己识别假笑的能力。

科学研究发现，如果是假笑，我们的左脑和右脑都希望我们的笑容看起来显得更加真实，但是控制面部表情的神经元大都集中在右半脑的大脑皮层中，这部分大脑只能向我们的左半身发送指令。因此，在自我意识的控制下，我们左侧脸部和右侧脸部的表情并不完全相同，左侧脸部的笑容会比右侧脸部的笑容更加明显。如果微笑是发自内心的，左右两侧的笑容就不会有区别了。

> 在人们的惯性思维中，微笑都代表真诚和接纳的意思，但是事实是，当一个人假笑时，他的微笑中可能隐藏着谎言。

目光坚定不一定代表诚恳

我们都知道，在人际交往中，和别人交谈时，必须遵守的一个规则是，我们应当在谈话时盯着对方的眼睛，这样一方面是礼貌的表现，另一方面可以传达你正在认真倾听的信息。但是研究发现，即使对方目光坚定地看着你说话，他还是有可能在说谎！

撒谎者的眼神在游移吗

前面我们说过，一个人在撒谎时常常会躲开别人的眼光或者将脸转向一旁，但是一组实验证明了这个结论对一些人还是有例外的。

研究人员做过一个实验，他们找来一群人，将他们分成两组，让他们面对面坐着，然后让一组人对对方撒谎，研究人员提前在隐秘处安放了摄像头，将过程拍摄了下来。最终结果非常让人吃惊，撒谎者的表现跟我们前面说的相悖。实验者中只有大约 30% 的撒谎者在撒谎时眼神游移不定，很容易被研究人员发现。而其他 70% 的撒谎者都目光坚定地看着对方，因为他们知道眼神游移会让对方发现撒谎的秘密，所以他们采取了反其道而行之的方法避免被识破。在这些撒谎者当中，女性的成功者占 35%，而男性的成功者仅有 15%，这说明女性更容易控制自己的眼神。

目光游移时，眼珠偏向一边，这说明他在撒谎（见左图）。但在说出谎言之前，对方的目光通常也会表现得非常坚定（见右图），这时须特别注意。

通过这个实验我们知道，撒谎者的眼神并不一定都是游移的。我们要识别对方说的是否是真话，除了要观察眼神，还要看对方瞳孔的变化。

怎样识破目光坚定者的谎言

当一个人目光坚定地看着你，他并一定是诚恳的，他有可能是个撒谎高手。在这种情况下，我们该如何识别这些目光坚定者的谎言呢？我们可以观察他的瞳孔。

心理学研究发现，人们的心理活动与瞳孔变化有着非常密切的关系。西方流传的一个赌徒诈骗庄家的故事可以说明两者的密切关系。

聪明的赌徒在下注时会先下小金额的赌注，然后他会密切观察庄家的反应。如果赌注押中了，庄家的瞳孔就会骤然扩大，于是赌徒就加大筹码。庄家屡次输钱，却不知道自己的秘密究竟是怎样泄露的。

这个故事表明人们早就注意到了心理活动和瞳孔的关系。当人撒谎时，就会产生一种紧张情绪，在这种紧张情绪的刺激下，人的瞳孔就会扩大；而在人厌恶、疲倦、烦恼时，瞳孔会缩小。但是瞳孔扩大并不就能说明对方在撒谎，在恐怖、愤怒、喜爱、疼痛的状态下，人的瞳孔也会扩大。如果你在和对方交谈的过程中，说到的话题并不能引起对方强烈的感情，而他的瞳孔还是明显扩大，那么几乎可以断定，他是在撒谎。

传递诚意，只目光坚定还不够

当我们在和别人交谈、听别人讲述事情时，我们总会目光坚定地看着对方，因为我们觉得这是传递真诚的最佳手段之一。但是在阅读了前面的知识之后，我们便不能只将目光坚定作为传递诚恳信息的手段，因为这对于别人而言也可能是不可信的。因此，我们必须在目光坚定地看着对方时，配合其他姿势，以便我们的诚意看起来更可信。

例如，当我们在听别人讲话时，我们应当在目光专注地看着对方的同时，用点头、插入发言表达意见和看法、由衷地赞叹等动作进一步告诉对方，你对他非常友善、非常尊重。

而当你向别人讲述某事时，为了使你说的话更具有说服力，首先，你应当在讲话时和对方进行目光交流；其次，你应该给出可信的证据——相关的具体数据、人物、地点；最后，养成说真话的习惯，让自己成为一个别人信任的人。

> 很多撒谎经验不足的人在撒谎时总会出现眼光闪烁不定、眼神游移的情况，但是那些撒谎经验丰富的人，总是通过坚定的目光来混淆视听。

发现不经意间的多余动作

在美剧《别对我撒谎》中有一个有趣的情节，主人公莱特曼等了半天终于等到一个停车位，可是他刚要倒车去停车的时候，突然一辆车飞驰而来抢占了那个车位。莱特曼问抢车位者："难道你没看见我正在等车位吗？"对方摇摇头，无辜地说："没有，我也在等车位。"莱特曼说："你刚才说谎的动作非常典型，在摇头说'不'之前先轻轻点了点头。"

就这样一个不经意的点头动作，泄露了抢车位者的谎言。由此可见，只要我们仔细观察，对方不经意的多余动作依然可以告诉我们他真诚与否。

摇头前的快速点头

正如前面的小故事所示，研究人员发现，很多人在面对别人的质问"是不是"做了什么时，会摇头否定，但是在摇头之前，他会下意识地做出对对方问题肯定的动作，也就是迅速的、对方甚少察觉的、自己也无意识的点头动作。这个快速点头动作说明质问一方的推测是正确的，摇头者之后所做的解释都是谎言。

假如你是一名记者，你去刚刚出现食品安全问题的一家食品公司采访，你问前台小姐："请问你们负责人 ××× 在吗？"前台小姐的两种反应都表示她在说谎。一种反应是你刚说完话，前台小姐就不假思索地告诉你"不在"，这是提前编好谎话的条件反射下的反应；另一种反应是前台小姐稍微迟疑了一下，不经意地微微点了一下头，然后非常肯定地摇头说"不在"。这时，负责人肯定是在公司的。因为前台小姐下意识控制下的快速点头动作已经泄露了问题的答案。

眼睛一睁一眯可以看出什么

我们把眼睛称为"心灵的窗户"。在和别人交谈过程中，如果仔细观察对方的眼睛，会很容易看出对方的情感和思想。如果一个人撒了谎，他的眼睛一般会不经意地做出一些多余的动作。

有一名间谍被抓后始终拒绝说出同伙的名字，于是调查机构采用了一个办法：向这个间谍展示了很多张卡片，每张卡片上都写着与他一起工作过的人的名字，然后调查人员仔细捕捉这个间谍在看这些照片时眼部的非语言信息。结果发现，当间谍在看到两个人的名字时，他的眼睛突然睁大，然后瞳孔迅速收缩，眼睛轻轻地眯了一下。经过审问，这两个人确实是被抓间谍的同伙。

显然，在间谍看到同伙的名字时，他出现了紧张情绪，所以眼睛下意识地睁大了，但是他不想让别人发现他的反应，于是他的瞳孔迅速收缩，眼睛变成了眯缝状。其实当人在眯着眼睛时，他的潜意识是想通过眯眼来遮挡光线或自己不喜欢的东西。仔细观察会发现，人们在生气或听到自己不喜欢的声音时，都会有眯眼睛的动作。

下意识吞咽唾沫

我们经常在电影上见到这样的镜头：警察在询问罪犯时，总会仔细观察着他的肢体动作。罪犯在听到某一个人名、地点或者回答某一个问题时，脖子处的喉结会很明显地晃动一下，发生吞咽唾沫的声音。单凭这个下意识的动作，警察就可以判断出刚刚提到的信息是破案的关键。因为人在受到刺激或者撒谎时，喉咙会有干痒和异样的感觉，下意识吞咽唾沫会让这种异样感觉减轻。

> 人在撒谎时总会做出很多不经意的多余动作，例如，在表示否定前快速地点头，或者下意识地吞咽唾沫等。这些多余的动作都转瞬即逝，却透露出说谎痕迹。

高明的撒谎者也无法掩饰的漏洞

尽管我们在对方撒谎时可以通过他不经意做出的一些多余动作察觉他在撒谎，但是对于一些高明的撒谎者提前准备好的谎言，我们是无法轻易识破的，如 FBI 一些经过特殊训练的特工。

美国俄克拉荷马大学的一些心理学家和行为学家深入地对人类的撒谎行为做了分析，将撒谎者分为三种类型：偶尔说谎者、病态说谎者、社会病态说谎者。

偶尔说谎者在一般情况下是很诚实的，只在个别不愿被人看穿某些真相的情况下说谎，这些说谎者在说谎时举手投足之间都能看出不自然，因此很容易被人看穿；病态说谎者是由偶尔说谎者进化而来的，因为不满意自己的表现，所以他们时刻在别人面前通过谎言来表现令自己较为满意的另一种“形象”，这类说谎者在我们与之交往几次之后即可看清其真面目；社会病态说谎者是最擅长说谎的，他们说谎有明确的目的，而且说起谎来非常自如，像说真话一样。但是专家研究发现，即使第三类高明的撒谎者，在撒谎时也会留下无法掩饰的漏洞。

无法对自己所做的事情倒背如流

警察询问犯罪嫌疑人：事发当天你都做了什么？

犯罪嫌疑人：我八点去了 ×××，十点在去 ×× 的路上，十二点……

（犯罪嫌疑人按时间点对答得非常流利，完全有不在作案现场的证据。）

警察：请你把当天所做的事按从后往前的顺序再说一遍。

犯罪嫌疑人：下午三点的时候，我……我在……

犯罪嫌疑人开始语无伦次，他根本无法顺利地将自己所做的事情倒叙出来。警察很快断定，嫌疑人刚开始一番流利的对答是提前编造出来的谎言，他可以按自己编好、练习好的谎言顺利地背出来，但是因为没有切实做过这些事情，所以对这些所谓他做过的事情没有深层记忆，当被要求倒着说出他所做的事情时，他就露出了马脚。

因此，当面对一个高明的说谎者，你想引导他露出马脚时，可以假装没有听清他刚才叙述事件的先后顺序，然后随即抽出几个时间点，让他倒着说出当时做了什么，如果他无法流利地对答出来，就说明他刚才说的话是提前编排好的谎言。

脸上一闪而过的细微表情

脸是思维的画板，即使高明的撒谎者，他的表情里也隐藏着无法掩饰的真相！

在一个聚会上，我见到了好久不见的一个朋友，问起他孩子的工作情况，他高兴地说两个孩子都找到了不错的工作。但是我发现他在说这些话时，脸上闪过了犹豫迟疑的表情，而且在他微笑时，看得出来他的眼角并未出现鱼尾纹，这说明他的微笑是假笑。后来在碰见他妻子时，他妻子悄悄告诉我说几个孩子的工作都不太理想，只能勉强过日子，希望我能帮孩子想想办法。她老公是个好面子的人，拉不下脸来求人。

不同的人隐藏各自情感的能力不同，但是不管是偶尔撒谎的人，还是高明的撒谎者，我们都可以通过仔细观察看出他真正的情感，特别是面部稍纵即逝的细微线索，更能说明问题。这些稍纵即逝的表情，我们可以将其分为积极的表情和消极的表情。

一般来说，快乐、激动等积极的情绪往往很容易被人看出来，但是在有些情况下，它们会被刻意隐藏起来。例如，在玩牌时，一个人如果拿到了好牌，他在看自己牌或者看别人时会不经意地露出嘴角微微上扬的表情，这微微上扬的嘴角可以说明他内心非常开心得意。

同样地，各种消极情绪也会通过人们一些细微的表情带出来，如对方紧闭的嘴唇、颤抖的嘴巴、僵硬的脖子等。当一个人心烦意乱时，这些信号就会出现，即使有时有点短暂和模糊，但是只要我们养成捕捉这些细微表情的习惯，对方真实的内心世界就可以尽收眼底。

即使高明的撒谎者，往往也有无法掩饰的撒谎痕迹。例如，他总是无法将自己编造好的计划倒背如流，无法掩饰在撒谎那一刻的细微表情。

总　结

即使撒谎者极力掩饰，他们还是会留下说谎的蛛丝马迹。在第1章中我们讲到了一些识别对方谎言的细微肢体动作，掌握了这些信息，我们识别谎言就会容易许多。

1. 撒谎者的面部会出现迟疑的表情，连语言都会出现很多停顿。

2. 撒谎者常常喜欢触摸自己的鼻子，因为鼻腔内部细胞会在撒谎过程中因为血液流量增大而膨胀，进而引发鼻腔的神经末梢传递出刺痒的感觉。

3. 用手遮住嘴巴，说明撒谎者试图抑制自己说出那些真话。

4. 大部分用手触碰嘴唇的动作都与欺骗有关，但是将手指放在嘴唇之间是一种内心渴望安全感的外在表现。

5. 用手摩擦眼睛的动作企图阻止眼睛目击欺骗、怀疑和令人不愉快的事情。

6. 抓挠耳朵表示出听话人“非礼勿听”的企图，即通过该动作来阻止谎言进入。

7. 抓挠脖子是撒谎者撒谎后产生的脖颈刺痒的生理反应。

8. 当人们将手掌摊开，手心向上放置时，他们说的大多是真话。

9. 真笑时人们的眼角会出现鱼尾纹，只是面部肌肉运动的笑容不是发自内心的微笑。

10. 很多撒谎者都会目光坚定地看着对方，因为他们想采取反其道而行之的方法避免被识破。

11. 一些多余的小动作会透露谎言信息，例如，摇头否认前下意识地点头，说话时下意识地吞咽唾沫等。

12. 撒谎者无法对自己编造好的计划倒背如流。

第2章

或远或近的心理距离

在人际交往中，特别是在职场环境下的人际交往中，我们总想通过交流拉近和别人的心理距离，让别人喜欢和接纳我们。但是我们常常会因为一二个肢体动作的错误让别人产生误会。要避免这些错误，我们必须学会解密一些表示排斥或接受的肢体动作，用正确的方法去应对。

明确的排斥：

双臂交叉抱胸

当我们还是孩子的时候，每当感觉有危险人物靠近或者危险事情发生时，我们会下意识地躲到父母的身后，或者躲到桌子底下、柜子后面，以此排斥我们不愿意接近的事物。在我们长大后，当我们感到有危险或者遇到不愿面对的事情时，我们会下意识地将双臂交叉抱在胸前，以此为自己建起一道身体防线，潜意识里我们是在阻止别人越过这个防线。这一动作是人的本能，但是它在人际交往中会给人带来非常明显的负面效果。

相对于男士双手握臂紧抱胸前的姿势，女士的这个动作比较含蓄，却最明显不过地发出了拒绝进一步接触的信号。

双臂交叉会对我们造成损失

美国研究者对双臂交叉这一动作进行了研究，得出了一些令人担心的结果，研究证明双臂交叉这一动作对我们倾听的效果有非常明显的危害。

研究者将参与研究的志愿者分为两组，让他们去听一个讲座，然后对两组人的倾听姿势做了规定：第一组人被要求保持双腿和双臂的自然状态，不交叉双臂，也不跷二郎腿，以最轻松自然的状态听讲座。第二组人和第一组人在同一地点、同一时间听同一场讲座，但是这些人在听讲座的时候要将双臂交叉紧紧抱在胸前，并且跷起二郎腿。

在实验过程中，研究者发现，第二组人对讲座的内容比较挑剔，常常会反驳演讲人的观点，而第一组人的反对意见相对较少。演讲结束后，研究者对两组人的收听效果进行了考察，结果发现，第一组实验者比第二组实验者掌握的讲座内容要多38%，可见保持放松的倾听姿态会有更好的倾听效果。因此，在聆听演讲的过程中，如果我们想听得更全面，就应当保持自然开放的姿势，而不要让交叉的双臂害了我们。

对方正对你持着否定态度

双臂交叉于胸前是人与人交流过程中最常出现的一个姿势，而且全世界对这一姿势的理解也几乎完全相同，那就是否定和防御。当人交叉双臂抱于胸前时，就好比在他和别人之间筑起了一道障碍物，将他不喜欢的人或物阻挡在外边。

某记者参加了一个中小企业节能减排论坛，这次论坛的重点是倡导中小企业应该在发展过程中加大节能减排的力度。在主办方的主讲人热情洋溢地演讲时，记者发现，台下坐着的几排中小企业的老总们有一大半都做出了双臂交叉的姿势。

这一现象说明，当人们对所听到的内容持否定和怀疑态度时，他们会做出双臂交叉的动作。主办方宣传节能减排，但是没有考虑到，对于发展本来就艰难的中小企业来说，节能减排对它们来说是一种压力，这会让它们的生存更加艰难。而许多演讲者没有将自己要表达的意思成功地传达给听众，就是因为他们没有及时注意到听众双臂交叉的姿势。当听众做出这个有抗拒意味的姿势时，演讲者应该站在听众的角度来发表看法，通过感同身受的演讲来破除和听众之间的对立情绪，这样才能真正吸引听众的注意力，让听众认同演讲者的观点。

怎样让对方解开他交叉的双臂

在交谈过程中，当对方双臂交叉抱于胸前表现出明确的排斥意思时，有几个既简单又有效的方法可以帮你轻松解开对方交叉的双臂。

第一，你可以找一件物品让对方握着，如一份报纸、一支笔、一张宣传彩页，这样他就不得不松开他交叉的双臂。

第二，你可以找一件事情让对方做，如给他一份问卷让他填写，让他没有机会交叉双臂。

第三，给听众准备有扶手的椅子，这样他就可以把手臂放在椅子的扶手上。

第四，在交谈过程中，你可以随时让对方看一些需要让他变换坐姿才能看到的资料，如放在桌子上的一个小物品，或者一些图片、影像资料，这一方面可以引导他变换坐姿，另一方面也可以引起他的兴趣。

第五，如果跟你交谈的不是长辈或领导，当他做出双臂交叉的姿势时，你可以通过善意的提醒来解开他交叉的双臂。例如，“我看得出你有问题想问，你想问什么呢”？

> 双臂交叉抱于胸前，表示此人不会轻易地走出自己的世界，而你也很难融入其中。这时不妨尝试运用上面介绍的小技巧来应对。

双腿交叉也是排斥的表达方式

很多人都习惯从面部表情、头部、双臂等比较容易被观察到的部位的姿势来判断对方是在表示赞同还是反对，而对于那些我们视线之外的身体部位，我们很容易忽略它，如腿部和双脚。其实腿部和双脚是丰富的信息源，能够泄露人们内心的秘密。

双腿交叉："我和你之间有距离存在"

欧洲版的双腿交叉是指坐着时把一条腿轻巧地放在另一条腿上，因为欧洲人最常做出这个交叉腿的动作，因此我们也叫它"欧洲版双腿交叉"。除了欧洲，这种双腿自然交叉的姿势在亚洲和大不列颠文化里也常见到。

假如我们在一家餐厅看到这样一个场景：一对相亲的男女正在聊天，男士正在侃侃而谈，女士也频频微笑点头。我们乍一看会以为这是一次成功的交谈，但是如果我们仔细观察就会发现，女士始终保持着双腿交叉的姿势，而且身体后倾，她的脚尖正指向最近的一个出口。由这一个姿势我们就可以明白，女士对这场谈话没有兴趣，内心深处有逃跑的打算。

当一个人和你面对面交谈时，如果他的双臂和双腿同时处于交叉的姿势，这说明他的注意力已经不在你们的对话上了。这时，他对你谈话的回应会变成短句或者"是""不是"等简单的词汇。这时，要想让对方对你的观点表示真正认同是非常困难的。

如果在一个晚宴上，你看见一个人站在一边，两腿交叉，有时还抱着双臂，这说明这个人非常保守，他正处于戒备状态。这时，想要跟对方很顺利地展开话题是非常困难的，你必须从消除对方的戒备心入手，而且要做好打持久战的准备。

男人都喜欢的双腿交叉姿势

美国人并不像英国人一样热衷于将一条腿轻松地搭在另一条腿上，他们更习惯将一只脚踝放在另一条腿的膝盖上，两条腿形成“4”字形状。这种坐姿代表了对方争辩或者争取获胜的态度。因为这个坐姿可以凸显男士的生殖器，因此被看成一种示威姿态。猴子和黑猩猩在产生斗争心理时，也会用这种坐姿来展现自己的生殖器，从而传达出自己的“威力”。

女士往往比较注意形象，一般不会摆出这个姿势，摆出这个姿势的大多是男士。男士在摆出这个姿势时，不仅能体现自己的自信和支配地位，同时也会显得放松和年轻。但是要注意的是，在和长辈或者领导交谈时，我们千万不要摆出这种姿势，因为这会让长辈或领导感受到你对他的不敬。

如果一个人做出“4”字腿坐姿的同时，还用一只手抓住抬起的那条腿，那就表示这个人非常有主见，甚至可以说有主见得过了头，达到了固执的地步。对于这样的人，不要轻易尝试去说服他，你的努力往往会白费。

女士双腿交叉表示什么意思

和男士相比，女士相对比较少做双腿交叉的动作，因为跷二郎腿（也就是欧洲版双腿交叉）和“4”字腿被认为不合女士的传统礼仪。但是在下面几种情况下女人还是会用其他姿势交叉双腿的，而且不同的姿势代表不同的意思。

短裙综合征

很多穿裙子，尤其是穿短裙的女士，总喜欢双腿交叉，或者将两只脚的脚踝扣在一起，这是女士下意识保护自己的举动。女士的这种爱好是由于穿短裙下意识养成的习惯，我们可以称其为“短裙综合征”。这种双腿交叉的动作让女士看起来比较拘谨，这或多或少会让交往对象无所适从，因此，一定程度上，我们认为穿短裙让女人看起来更难以接近。

双腿交叉且小腿保持平行

将两条腿以随意的方式交叉，然后将两腿斜向一边并保持平行，这一坐姿被认为最具有女性气质。女士要想保持优雅的仪态，应当学会做这个姿势。

> 双腿交叉跟双臂交叉一样，代表的是排斥的意思。如果你的交谈对象的双臂和双腿同时处于交叉的姿势，其排斥意味显然相当强烈了。

温和的抗拒：紧闭双唇微笑

我们通常都想当然地认为，微笑是展示人幸福与快乐的信号，是表示顺从的信号，但是设想这样一个场景，这种情况下的笑表示什么意思呢？

一个女孩满头大汗地给男朋友做好了菜，然后满怀希望地看着男朋友品尝自己的菜。男朋友咀嚼了几口，紧闭双唇微笑着朝女朋友点点头，竖起大拇指，女孩高兴地冲进厨房去端另一盘菜。男孩赶紧吐出口中的菜，急急地喝了口水，然后又看着翩翩而来的女友，紧闭双唇朝女友笑了一笑。

从男孩独处时的真实反应，我们知道男孩对女孩做的菜不认可，所以他在表示赞许时紧闭着双唇微笑，而没有真正开心地开怀大笑。这紧闭双唇的微笑其实表示着男孩温和的抗拒。

紧闭双唇微笑表示反对

两个女同事正在议论另一个刚刚获得升迁的女同事。其中甲说道："她专业能力很强，而且她非常会处理人际关系。"说完，甲露出了紧闭双唇的微笑。乙对答："是的，她非常知道自己想要的是什么，目标特别明确。"说完，乙也露出了紧闭双唇的微笑。其实，两个女人都没有说出她们的真心话，她们抿着双唇微笑的动作告诉我们，她们的真心话应该是："这个女人野心也太大了……""这个女人是个爱出风头、会魅惑男人的小妖精！"

我们常常在电视和杂志上看到一些名人在微笑时紧闭着双唇，嘴角向后拉升，不露出一颗牙齿，整个嘴唇成一条直线。这个微笑的含义是："我并不太赞同你的意见，我的内心深处藏着你不知道的真实想法，我也不想告诉你。"例如，很多人在面对不中意的相亲对象或者自己不认可的领导时，对于对方的反应总是紧闭双唇微笑，这种微笑其实就是一种形式温和但明显表达拒绝和反对的微笑。

如果一位女士在你说话的时候，保持上图这个微笑，你会想到什么？正确的答案是：对你表示尊敬，但对你说的话，她不以为然。

有个记者说，他参访了很多成功人士，他发现成功人士都有一个习惯，那就是在被问及成功的细节时，总是抿嘴微笑，然后一带而过。他们之所以这样表现是因为他们并不想把成功的细节公布于众，他们对于此类问题有抗拒意识。

磨炼你的幽默感，引导对方开怀大笑

开怀大笑能够使气氛更加融洽和谐，还可以为我们赢得更多的朋友。因此，为了避免和别人交谈过程中的冷场或者尴尬，我们应该学会引导对方开怀大笑。

迈阿密大学的心理学教授莱乃特·安伽认为，追求快乐是人的基本心理需求，每个人都希望心情愉快，只有对方感到愉快了，他才会和你敞开心扉。而活跃气氛最好的方法是磨炼我们的幽默感。

当和朋友在一起时，我们很放松，说话很风趣，大家会说一些俏皮话，开一些玩笑，谈话氛围非常好。正是因为能开玩笑，大家的感情才会更好，因此，带着幽默说话，就有机会和每个人成为朋友。我们在表现幽默时，插科打诨也可以，只是不要害羞，无聊的笑话也可以让对方放松戒备，敞开心扉。

要想磨炼我们的幽默感，我们需要在平时多搜集材料，例如，多看网上的新闻，多听相声，多看娱乐节目。在搜集到这些材料后，适当进行一些加工，在和别人聊天时加入话题之中，你们的谈话就会生动活泼起来。

> 微笑并不一定表示认同，如果对方紧闭着双唇向你微笑，注意，他其实是在表示着温和的抗拒。

歪脸笑：排斥还是赞同

两个很久没见的同学在一个聚会上意外相见，两人聊起了自己这些年来的近况。甲说：“我工作一年就赚到了第一桶金，后来我觉

得凭我自己的能力完全可以自己当老板，所以我就开了一家公司。公司规模不大，一百号人吧，虽然一年的净利润不多，只有两千万元，但是我觉得在这些同学里面我也算是成功的了。”乙笑着点点头说：“那是相当成功了，你真了不起。”乍一看到这个场景，我们真以为乙对甲的成就敬佩至极，但是在乙表达“佩服”之意之前，他的脸上出现了一个短暂的表情——歪脸笑，这个动作告诉我们：他的敬佩之意并非发自真心。

歪脸笑时的阴阳脸表示排斥

歪脸笑是指一个人在微笑时脸部扭曲，两边的脸不对称。我们常见到的歪脸笑的表情是嘴角和眉毛向上扬起，此时，这边脸颊的颧骨肌收缩，出现一种微笑的表情，而另一边脸嘴角向下，眉头紧锁，显示出一副不悦、痛苦的表情。两边脸的表情显示出一阴一阳的反差，是因为人们在控制自己意识的过程中一边脸被成功地调动起想要的假笑，而另一边脸则表现出了忠于内心的表情。

这种歪脸笑的表情似乎是西方人的专利，我们经常从西方电影中看到这种歪脸笑的表情。这种笑容代表的意思是确定的，那就是讽刺与排斥。

歪脸笑时伴随着的其他肢体动作

虽然我们指出了歪脸笑时阴阳脸的特征，但是很多人还是在别人以歪脸笑表示对自己抗议时浑然不知。为了帮助大家更准确地辨识出对方歪脸笑的表情，及时做出反应，我们应当学会把握人们歪脸笑时伴随的其他肢体动作。

一边上扬的嘴角

当人对对方表达的意见不认同或明显表达出排斥之意时，他的内心深处会产生厌烦、不悦、不以为然的情绪，这时他非常容易做出嘴角上扬的动作。例如，一个参加演讲比赛的选手从台上下来后着急地问自己表现怎么样，我们看见旁边的另一个竞争者附和着点点头，但是他一边的嘴角轻轻上扬了一下，表示出不屑与讽刺的意思。

美剧《别对我撒谎》中有一个有趣的情节：刚加入调查组的新进队员 Torres 对上司 Lightman 的判断不认同，后来新的证据表示上司判断可能有误，Torres 浅浅地歪脸一笑，一边的嘴角微微上扬了一下，这个细小的动作被 Lightman 博士看在眼里。Lightman 博士提醒 Torres 嘲笑自己的上司是非常不明智的，Torres 因为被上司识破心思而羞愧不已。后来，Lightman 博士用事实证明自己判断得正确，使得 Torres 心服口服。

噘起的嘴巴

在人们歪脸笑时，还经常会出现一个动作，那就是噘嘴。噘嘴的动作常常是小孩或者不谙世事的年轻人会出现的动作，因为没有社会经验的人才会有这么明显的情绪外露的动作。当然，有时一些有职场经验的人也会在对旁人不满时，出现歪脸笑和噘嘴的表情，但是这样的动作一般非常短暂，不仔细观察是不可能被捕捉到的。

表示赞同的微笑

既然歪脸笑表示讽刺和排斥，那么什么样的微笑代表赞同呢？表示赞同的微笑首先应当是发自内心的，其次它应该配合着明显表示赞同的其他肢体动作。

在你们的对话过程中，如果对方微笑时嘴角上扬，出现鱼尾纹，那意味着对方内心对谈话是肯定、鼓励，以及赞赏的。

前面我们已经说过，发自内心的真诚微笑应当是颧骨处肌肉和眼轮匝肌共同调动起来的笑容。特别是眼轮匝肌，它的运动不受我们意识的主动控制，因此，它调动起的笑容一般可以肯定是发自肺腑表示赞同的微笑。而眼轮匝肌是否参与微笑，要看微笑时眼角是否有鱼尾纹。

如果对方的微笑是发自肺腑地表示认可和赞同，他在微笑的同时常常会伴随点头、轻轻鼓掌、竖起大拇指等明显的表示赞同的肢体动作。这时，发自内心的、不受抑制的赞同感会溢于言表，额头上皱纹的伸展、嘴角边肌肉的松弛、嘴唇的完全呈现（没有双唇紧闭或挤压）等，都是赞同的微笑伴随的积极情绪的信号。

> 人脑的感情控制区直接控制人的左脸，而右脸主要受人的意识支配，因此，人常常会出现“阴阳脸”，这时右脸是假笑，左脸是忠于内心的。

察觉敌意：握拳式双臂交叉

我们在电影里经常看见这样的场景：某人走到了一个人迹稀少的偏僻街道，突然，一群凶神恶煞的人出现在街道的另一端，他们握着拳头，双臂交叉瞪着目标走上前来；此人见形势不对，马上掉头要走，可是街道的另一端也气势汹汹地走来几个拳头紧握、双臂交叉的彪形大汉。按我们的观影常识推断，这帮人来者不善，而且，从这些人握拳式双臂交叉的姿势我们可以知道，这帮人怀有十分强烈的敌意！

交叉的双臂：“不要靠近我！”

FBI调查员Mike奉命去调查NBA球星David受贿打假球一案。在篮球场上，David怀抱篮球朝他走来，表情轻松自然。Mike从David手中接过篮球，在地上拍了几下，随后询问了David几个问题，David回答得很流利，丝毫没有露出任何破绽。

在返回的路上，Mike 的助手不甘心没有一点收获，一路上喋喋不休地唠叨，Mike 平静地说：“David 肯定有问题，但是今天不是询问的好时机。”助手忙问其中缘由，Mike 说：“我们刚见到 David 时，他将篮球抱在胸前，和我们之间隔起一道障碍，说明他对我们有防御意识；后来，我接过他的篮球拍了几下，再回头看他时，他双臂交叉握紧了拳头站在一旁，说明他对我们有强烈的敌意。我们知道 David 是个脾气非常糟糕的球员，所以第一次询问不应该问太直白敏感的问题，要循序渐进才会有发现。”

果然，在经过两次询问后，David 露出了马脚，随后坦白了他受贿的事实。

正如案例中所示，当我们将双臂交叉于胸前时，我们下意识地将自己和别人隔开。例如，我们经常看到在拥挤的地铁上或电梯里，有许多人站在一角，双臂交叉抱于胸前，这个姿势其实是想告诉别人：“别靠近我。”有时，我们看见有人将几本大书或者背包抱于胸前，这个动作代表的意思跟双臂交叉的意思是一样的，是对别人有排斥甚至敌意，不想让对方靠近自己的信号。

紧握的拳头：强烈的敌意

紧握的拳头是我们常见的肢体动作，它是典型的攻击动作。一个人如果处于非常愤怒的状态，我们仔细观察他下垂的手，总会发现他的拳头是紧握着的，好像随时都有进攻对方的可能。而当一个人在将双臂交叉抱于胸前的同时，他的两只手也紧紧攥成拳头夹于腋下，那就表示此时这个人除了具有相当强烈的防御意识，还带有十分明显的敌意。

在一个谈话过程中，我们看到其中一方双臂交叉、腋下的拳头紧握、微笑时双唇紧闭，甚至脸色有些微微涨红，那么，我们可以推知这场谈判将非常不成功，激烈的口舌之争可能在所难免，紧握拳头的一方甚至可能出言不逊或者动手伤人。

一个人因为不能控制自己的情绪而来到心理咨询室寻求帮助：“医生，每当我看见嫉妒或者仇恨的人，总会不由自主地攥紧拳头，有时感觉指甲都能掐进肉里。”这个有心理疾病的病人，正是以紧握的拳头表示强烈敌意的典型例子，这种人常常不能控制自己的情绪，受到一点外部刺激就爆发，而紧握的拳头和涨红的脸色常常就是怒气爆发的前兆。

怎样缓和对方激动的情绪

如果我们面对的人出现情绪激动的情况，我们的当务之急是用一种较为柔和的方法来抑制对方激动的情绪，及时安抚对方的情绪，防止事态进一步恶化。

首先，我们应该用一种较为柔和的方法找出导致对方激动的根本原因，对症下药来安抚对方。如果在整个事情发展过程中你就在现场，你应该仔细回想整个交谈过程中可能触发对方敏感神经的话题，找到真正的导火线。

接着，我们应该就刚才让对方敏感的话题做一个修正，让对方得到心理上的平衡，也避免对方因为一时的不悦情绪而影响后面的交流。

最后，为防止事态进一步恶化，我们应该暂时转移敏感话题，用比较平和的话题来安抚对方情绪。

此外，我们可以采用一些灵活的小技巧来让对方松开代表敌意的拳头，同时放下对方代表防御意味的交叉着的双臂。我们可以采用前面说过的一些小技巧，例如，给对方一支笔攥着，或者让对方欠身看一样东西，这样对方就可以自然地放下双臂，松开双拳，敌对意味也就相应地减弱了。

> 紧握的拳头是典型的攻击性动作。当一个人双臂交叉抱于胸前，而且拳头紧握时，他的潜台词是：“不要靠近我，否则我会反击的。”

双手放入口袋：拒绝介入

今天是史蒂芬到新公司上班的第一天，所以史蒂芬特别希望给大家留下一个好印象，于是史蒂芬决定无论如何要在见到同事时一一向他们打招呼。早上史蒂芬走进公司时一路上向各位同事点头示意，可是史蒂芬坐到座位上回想时，发现大家对他的反应都非常冷淡。史蒂芬百思不得其解，后来去休息间冲咖啡时听见几个同事在悄悄议论他。

甲：“新来的那个史蒂芬可真够拽的，跟别人打招呼还两手插兜。”

乙：“就是说嘛，刚来公司就一副老子天下第一的架势，我最烦这种人了。”

史蒂芬这时才明白，原来他有将双手放入口袋的习惯，可是他并没有仔细斟酌这个动作代表的意思，以至于给别人留下了傲慢、冷漠的第一印象。如果你想给对方留下热情积极的第一印象，那么，现在就将手从口袋里拿出来，因为这个姿势代表了你拒绝介入别人的谈话！

手插口袋：“我此刻不想跟任何人说话”

在一个晚会上，我们看见一群一群的人在聊天，可是总有那么几个人站在墙角边，背靠着墙，双手插在口袋里，静静地看着热闹的晚会现场；或者坐在灯光较暗的地方，后背靠着椅背，嘴里叼着一支烟，双手插在口袋里看着其他人。

这种姿势一般出现在非正式场合，而且这个姿势对他人的态度是无礼的，它表示“我根本不想跟你说话”。在某些正式场合出现这样的姿势，也表明对方非常强势，而且缺乏涵养。

这时，如果你走向对方，跟对方交谈或者向对方请教一个问题，你会发现对方不想跟你说话，即使迫不得已回答，也敷衍了事。其实将双手置于口袋之中的姿势已经告诉你：我此刻不想跟任何人说话。

在一些销售的培训课上，老师会告诉推销员，当顾客双手插兜看商品时，他此刻并没有购买的打算，只是抱着看一看的心态，而且他也不希望推销员过于热情地向他推销，过于热情地介绍反而会烦扰他。这时，推销员最好先询问对方想要什么样的产品，在弄清对方需求后再进行推销。如果顾客说只是看看，那么就告诉对方“您需要的时候请随时叫我”，然后不要再去烦扰对方。

在戴安娜王妃去世以后，媒体只要一有机会就采访威廉王子，而威廉王子几次都做出手插口袋的姿势，他的这个姿势其实是想告诉媒体：此时此刻，我不想说话。

隐藏双手可能表示对方在撒谎

有研究表明，当一个人在撒谎时，总习惯性地双手插兜或者将双手背在身后，以使自己的双手逃脱对方的视线。

在《别对我撒谎》中，福斯特博士的丈夫有了外遇，他好几次对福斯特博士说自己晚上还要加班到很晚。在说这些话时，他的手始终插在口袋里，而这个明显的说谎姿势不光被莱特曼博士看在眼里，更是被天才表情捕捉高手托勒斯一针见血地指了出来。

当然，前面我们已经说过，双手插兜可能表示对方只是想置身事外，不想介入某件事情当中。因此，究竟对方是在撒谎还是表示不想介入，我们应该根据具体情况来判定。

如果对方在交谈过程中一直处于手插口袋的状态，或者不时会有抓挠脖子的动作，那么他很可能在撒谎，此时隐藏双手不可见可以使他比较镇定；如果对方双手插兜站在人群外，脸上的表情很冷漠，那么很肯定他只是不想卷入谈话中。

> 假如我们养成将双手暴露于别人视线之下的习惯，说谎也就相应地变得困难起来，我们会慢慢养成坦诚面对别人的习惯。

手部恰当接触的潜台词

在一个宴会上，假如你认识了很多陌生人，你跟这些陌生人打招呼的方式有两种：一种是微笑着向对方点点头，另一种是微笑着跟对方握手。过后回想，你会发现你对和自己握过手的那些人印象更深刻，而且对对方的印象也更好；而对那些只是点头示意的人，你对他们的印象却很淡薄。为什么会出现这种现象呢？那是因为手部的接触会让人对对方留下更美好深刻的印象，有时简单的触碰产生的效果是出人意料的。

正确触碰会提高你达成心愿的概率

明尼苏达州立大学的研究者们做过一个实验，证明了轻轻触碰有多么惊人的效果。研究者将一枚硬币放在电话亭里，当有人走进电话亭看见硬币时，研究者就会跟进去。然后询问对方有没有看见一枚硬币，结果只有 23% 的人承认看到了硬币。

在第二个实验阶段，前面的步骤都是一样的，不一样的是研究人员在进去和电话亭里人说话时，研究人员在假装寻找硬币时轻轻地触碰了对方的手肘，随后问对方有没有看见一枚硬币，结果惊奇地发现，承认看到硬币的概率上升到60%。结果发生如此大的变化，只因为这轻轻的一触碰。因此，可以说，有技巧地接触对方的手肘，可以使我们达成心愿的概率提高好几倍。

轻轻触碰之所以会产生如此大的魔力，主要原因是：一次轻轻的、短暂的触碰会在两人之间建立一种瞬间的联系，这种瞬间的联系会迅速拉近两人之间的心理距离，好像这瞬间的触碰让他们不再陌生一样；另外，在大多数国家，人们都不会轻易和陌生人之间发生肢体碰触，因此，选择这种超乎常规的触碰方式会给对方留下深刻且特殊的印象。

相信很多人都有这样的经历：在和陌生人或者不太熟悉的人打交道的过程中，如果我们很自然地触碰一下对方的手肘，或者拍一下对方的肩膀，这样一个小动作会让双方的距离迅速拉近，随后两人的交往更加顺畅，合作也更容易达成。

大胆伸出你的手去触碰对方

曾经有一个调查是在饭店中进行的。调查发现，如果服务员在奉菜和结账的过程中接触到了顾客的手，这位顾客就会有更积极的反应，他会给这位服务员更多的小费。因为这短暂的接触动作使得顾客和服务员之间的距离拉近，服务员会对跟其有接触的顾客照顾得更加周到，而顾客对这位跟其有肢体接触的服务员也会更加亲近一些，而不是冷冰冰的服务与被服务的关系。

同样的调查在图书馆里也有相同的结果。如果图书管理员在借阅书的过程中经常友善地触碰到借阅者的手，这些借阅者往往更容易记住图书管理员的姓名和模样。

所以，要想和陌生人的交往有良好的效果，在和对方见面时，不要只是点头示意，而要伸手去和对方真诚地握手。同时，别忘了一些小动作的神奇力量，你可以在握手的同时，伸出左手轻轻触碰对方的手肘，肢体的触碰会让你们双方留下更加深刻美好的印象。

不要让对方把你当成骚扰者

虽然一些手部接触动作会带来意想不到的效果，但是如果把握不好度，则可能带来令人不悦的后果，特别是在和女性交往的过程中。

在一般情况下，直接与对方的手肘发生触碰，会获得我们期待的正面效果，而触碰手肘以上或者以下的部位则不会获得预期的效果，还可能有反效果。例如，男士在和女士握手时，如果在握住对方手的同时，另一只手触碰对方的手肘以上的部分，这是非常不礼貌的，特别是夏天，女士穿了短袖衣服时，这样的动作更加不礼貌。

此外，如果触碰的时间超过三秒，一般会让对方对握手或触碰的动作发生警觉，对方心里可能在暗暗地想：“这个人在干什么？他为什么会一直在碰我？他有什么企图？”如果握手或者触碰的时间长到让对方开始关注你的双手，这时的效果将会很恶劣。假如你是一名男士，对方是敏感的女士，她很可能因此觉得你是变态，是一个骚扰者。因此，我们必须准确把握合适的度，千万不要让本来有魔力的手部触碰产生反效果。

> 一次轻轻的、短暂的触碰会在两人之间建立一种瞬间的联系，这种瞬间的联系会迅速拉近两人之间的心理距离。

人们怎样隐藏愤怒和挫败感

当记者采访一位名人时，他在回答问题时将双手背在身后、抬头挺胸，从正面看，俨然一种权威、自信的模样。但是如果我们从这位名人的后面看，从他背在身后的双手抓握的姿势看，他表现出来的不一定是权威和自信，很有可能是愤怒和挫败感。

背后双手抓握在一起：权威自信

相信很多人都对中学时期的教导主任印象深刻，教导主任总是背着手，背后的双手抓握在一起，抓握在一起的手上还拿着一根教鞭。教导主任走路总是抬头挺胸，下巴微微扬起，脸上挂着权威且略带阴森的笑容。他所到之处学生们都规规矩矩，而教导主任们、校长们似乎因为这一权威姿势的效果而格外青睐这个姿势。此外，我们看到电影里巡逻的警察、站在千军万马前检阅部队的军官、叱咤商海的商业巨头，他们在自己的下属或者敬畏他们的人面前讲话时，都会做出双手背后，将双手抓握在一起的姿势，而这一姿势总被人们习惯性地与权威、力量、自信联系在一起。

双手置于背后的姿势，表面上看都能够给人一种威严感，但它的秘密在于双手抓握的方式。不同的方式，反映出其内在的情绪大相径庭。

我们前面说过，将双手抱于胸前，或者将双腿交叉的人，总是有意识地在自己与别人之间建立起一道障碍，下意识地保护自己的胸、心脏、生殖器官等重要部位免受直接攻击。但是将双手背在身后自然抓握在一起的人，显然他们将易受攻击的心脏、胸部、胃部等都暴露出来，这表示出他无所畏惧的勇气和胆量。这个姿势会下意识地使别人对他产生敬畏之感，同时也会让他本人更加自信、更加有勇气。

在一些有关第二次世界大战的影片中，我们常看到军官在很多战俘面前摆出双手背后的威武姿势，而他的武器一般佩戴在侧腰，这个姿势会让他看起来更威猛、更有力量。影片中也常会出现一两个懦弱的军官，他们对自己的权威和魄力没有自信，因此他们总会在讲话时下意识地将一只手放在枪套上，以准备随时应对威胁。

一只手抓住另一只手的手腕：内心充满挫败感

同样是将双手背在身后，如果双手不是自然抓握在一起，而是一只手抓住另一只手的手腕，其表达的意思就和前面的权威、自信大不一样了，这个姿势表示此人内心充满挫败感。

双手背后，将一只手抓住另一只手的手腕，好像下意识地在给自己鼓劲，用一只手紧握的力量来自我安慰："我很有力量，我会没事的。"但是这个自我安慰的动作恰恰显示了此人此时对自己非常不自信，内心的挫败感使得他必须通过自己力量的传递来进行自我鼓励。例如，我们在荧幕上会看见这样的场景：在候诊室等待医生的病人，他背着手走来走去，可是他背后双手的姿势是一只手紧紧抓住另一只手的手腕，要是此时有特写镜头，我们甚至可以看见这个病人一只手的手腕被自己捏出了瘀血，可见他的不安和挫败感是非常强烈的。

很多不善于掩饰自己情绪的人会将紧握的手腕放在前面，不停地搓揉自己的手腕，我们可以看出对方心中强烈的挫败感和不安情绪。但是更多人习惯于掩饰自己的负面情绪，于是他们将手放在我们不可视的范围内——背后。

握手位置移到上臂：很愤怒、很挫败

背在身后的双手，随着一只手抓握另一只手的位置不同，表示出的情绪也就不同。抓住另一只手的那只手抓握的位置越高，就表示此人心中的挫败感或愤怒情绪越强烈。当一个人握手的位置移到手肘以上，即上臂的位置，我们可以断定此人此时很愤怒、很有挫败感。

将手握在另一只胳膊的上臂，说明此人对自己有强烈的自控需求，这个动作好似挟持住了自己，使得自己的愤怒或挫败情绪不至于轻易流露出来。稍加留意你就会发现，当一个人背后的双手是一只手紧握另一只手的上臂时，他的面部表情往往是非常警觉和敏感的，因为他正竭力通过自己的手部姿势来掩饰、隐藏自己的过激情绪。

此时，如果你发现对方有这个迹象，一定要用比较缓和的方式来缓和对方的极端情绪。例如，通过幽默的方式来缓和交流气氛；通过友好的一些小动作来缓和对方的紧张情绪，如轻拍对方肩膀以示关切和安慰；给对方一杯饮料，这样对方就不得不将背后紧匝在一起的双手松开。

同样地，如果你发现自己也做出了这样的动作，你不妨通过有意识地提醒自己来改变自己背后双手的位置，试着将手从上臂位置放下来，代之以握住自己的另一只手的手腕，这个动作会下意识地增添你的自信心。

当然，我们要注意的是，双手背后的姿势一般是长辈或上司的专属动作，如果你面对的人是你的长辈或者上司，记得要将你的手放在对方可以看见的地方，千万别让背手这个动作让对方误解为对其不敬！

当一个人背后的一只手抓着另一只手，然后向手臂处慢慢上移时，注意，此人此刻的内心充满了挫败感和愤怒情绪。

当对方抚摸下巴的时候

罗丹的雕塑《思想者》相信大家一定都非常熟悉，这个雕塑塑造了一个强有力的男子形象。这个男子弯着腰，屈着膝，右手托着下颌，像是在思考着什么。这个雕塑表现了人类在思考时常做出的一个动作：抚摸或托着下巴。因此，当你的交流对象开始抚摸他的下巴，你必须学会辨识，他是开始思考什么了吗？

雕塑《思想者》

轻轻托着下巴：认真倾听的标志

在一个演讲现场，如果我们看见很多人身体前倾，而且双手或者单手托着下巴，眼睛专注地看着演讲者，那么可以肯定这次演讲是很成功的。因为听众轻轻托着下巴的姿势正是他们认真倾听的标志。如果你有当众发言的机会，你站在台上的时候仔细观察就会发现，大部分认真倾听的听众在倾听的过程中都有用手托住下巴的习惯，好像他们正在一边倾听一边消化你的观点。当然，如果你的演讲很无聊，你会遗憾地发现，这些托着下巴的听众的上下眼皮开始打架，一会儿他们鼾声如雷也说不定。

为了防止托着下巴认真倾听的听众走神和打盹，你可以在演讲的过程中用一些小技巧。首先，你要做的是使自己的演讲脉络清晰，有条理的演讲更容易引人入胜；其次，你可以在演讲过程中有意识地提醒听众做一些笔记，例如，“我认为这点对各位都非常有用，我建议大家把这点写下来”，这样听众就不会一直托着下巴，也就防止了因为长时间依托着下巴而出现昏昏欲睡的状态；再者，你可以采用上学期间老师教的方法，在讲课时，老师常常会叫打瞌睡的同学回答问题，这样一来可以引起该同学的注意，二来也可以给其他人以警示和提醒。

抓摸下巴：“我正在思考如何做决定”

随着你的演讲深入推进，你会发现听众托住下巴认真倾听的姿势在慢慢改变，他们常常会将一只手放在脸颊旁边或者下巴正下方，将大拇指和其他手指分开，然后抓捏住脸颊或者下巴，并用拇指抚摸下巴。这个姿势告诉我们，对方此时大部分精力并不是用来倾听和思考的，他更多的是在斟酌演讲者观点的正确与否，随后根据自己的想法做出肯定或否定的判断。

当听众开始抓摸下巴时，接下来的动作变化将十分重要，因为接下来细微的肢体动作变化将直接告诉你他是肯定你还是反对你。这时，作为信息发布者，你必须冷静仔细地观察听众细微的肢体动作变化，从而准确判断对方的观点和立场。

一手捏住下巴，眼神专注地看着说话者，这就是典型的边听边思考的姿势。

肯定的标志：舒展双臂，微微点头

如果听众在抓摸完下巴后，舒展双臂，歪着头思考并有轻微点头的动作，还前倾身体拿起桌上的资料翻阅，据此可以推断出对方对你的演讲非常感兴趣，而且倾向于肯定你的观点。这时你应该自信地更加深入阐释你的观点，并且和这些听众多一些个别的眼神交流，这样对方对你的观点认可的速度会更快。

否定的信号：皱眉，身体后倾

如果听众在倾听你观点的过程中，有紧锁眉头思考的动作，而且放下双手将后背靠在座椅背上，此时，他对你的观点可能不太认同。如果接下来他在倾听过程中交叉双臂抱于胸前，那么基本可以确定他完全反对你的观点。这时，你不要急于推进演讲的进度，而要给潜在的反对者一些发表意见的机会，在问题出现时及时解决问题，避免问题越积越多。这时，你可以说："可能刚才的观点有很多人不太认同，现在我们就来自由讨论一下，有不同意见的人都可以向我发问。"通过这个交流环节，你可能拉回一些反对者。

迟疑手势：将手指放在嘴唇中间

如果听众将抓摸下巴的手放在嘴唇之间（一般这根手指是大拇指或食指），或者将笔的一端放在嘴唇之间，那表示他还在迟疑，他还需要一段时间才能做出比较确切的判断。这时，你应当多给他积极的暗示。此时的眼神交流、关键细节的进一步解释等都可以减少他的犹豫，加快他做决定的速度。

厌倦姿势：用大拇指支撑头部

当听众的手部已没有明显的摩擦动作，眼神开始变得涣散，手好像只是用来支撑头部休息的工具，这时候，很明显，他已经对你的演讲失去了兴趣，发出了厌倦的信号。此时大拇指成为头部的支撑，他甚至不停地变换手来支撑自己的头部。除非你可以在自己的话题中加入新的兴奋点，否则你可能无法拉回这个已经开始厌倦走神的听众了。

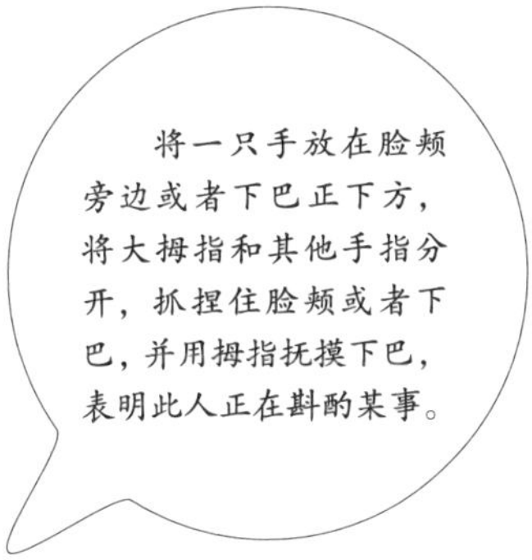

拉扯耳垂的心理暗喻

李杰是我们公认的象棋高手，可是每当我们夸他时，他总会谦虚地说："我的象棋水平没有那么好，只是我善于察言观色。"相信第一次听到这句话的人都有这样的疑惑：察言观色跟象棋水平有什么关系呢？原来，李杰不仅有一定的象棋水平，而且在下象棋的过程中非常善于观察对手的微表情，一些高手本来可以赢李杰的，但是他们的微表情却透露了他们的战略。

拉扯耳垂是在焦虑的时候，常见的一个动作。

对方在拉扯耳垂：他很焦虑

前面我们说到的李杰已经是业余象棋高手，他在和不同对手对弈的过程中发现，不管对手是何人，他总会有一些细微的肢体动作表现出他的心理状态，如拉扯耳垂。

李杰发现，很多对手只要对下一步如何走没有把握时，总会拉扯耳垂，或者有时这个动作会用摸鼻子来代替，这说明对手很焦虑。这时李杰总会表现出自信和必赢的姿态，从气势上压倒对手。另外，对手有时会将手伸向某个棋子，但是突然又停住，拉扯一下耳垂，继续思考，这个动作说明对手对自己刚才的那步棋持怀疑态度。相反地，如果对手对自己的这步棋非常自信，他就会在走完棋之后将十指自然地合在一起，显出自信满满的样子。

同样，如果对手不希望李杰走当前这一步，当李杰将手移向这个棋子时，对手常常会有下意识拉扯耳垂（或者摸鼻子、抓挠脖子）的动作。这个动作透露了对手对这一步棋非常焦虑，不希望李杰走这一步。

同理，在工作和生活中，当有人在对某一件事或某一个决定感到非常焦虑时，他总会下意识地去拉扯耳垂、抓挠脖子或者摸鼻子，在一定程度上，这三个动作表现的都是焦虑情绪。因为人的脖子、耳垂、鼻子部位的神经非常敏感，在他焦虑时，总会感觉到这些敏感部位有某些不舒服，因此会下意识地去抓挠。

在说谎和表示反对时，人们也喜欢拉扯耳垂

你说出了一个观点，询问对方觉得意下如何，对方犹豫着说："这个……我觉得不错。"当对方说这句话的时候，他下意识地拉扯了一下自己的耳垂。此时，千万不要相信对方说的是真话，他在表达意见的同时拉扯耳垂的动作说明他正在撒谎，其实他对你的观点是持反对意见的。拉扯耳垂的动作，一方面是因为撒谎时不安情绪下的下意识动作；另一方面是因为对方潜意识里拒绝继续倾听你的观点，或者他和你的观点是相反的，此时拉扯耳垂的动作有"非礼勿听"的意思，跟人们捂住耳朵避免反对意见进入耳朵的动作是一样的。

因此，当你发现对方下意识地拉扯耳垂时，千万不要觉得这是简单的习惯性动作，一定要根据当时的情境来判断对方真正的意思是什么。为了提高交流的效果，在你觉察出这些肢体动作代表的真实意思后，你甚至可以直接友善地向对方发问："从你的动作来看，我觉得你对我的意见不太认同，请实话实说，你认为问题出在哪里。

坦诚对我们双方都有好处。”很多时候，直率地询问对方意见反而更容易获得积极的结果。

女性玩弄头发相当于她在拉扯耳垂

我们仔细观察会发现，拉扯耳垂的动作经常是男士所为，因为男士的短发决定了他们的手更容易接近耳垂。但是对于大多数女士来说，她们的披肩长发决定了她们拉扯耳垂时要首先撩起头发，而且很多女士戴着耳饰，拉扯耳垂会弄疼自己，或者会让别人觉得有卖弄之嫌，因此，女士在想拉扯耳垂时，常常用玩弄头发来代替。

> 人们拉扯耳垂表明他们内心很焦虑或者因为撒谎而产生了不安情绪。但是当女士出现这种情绪时，她们不拉扯耳垂，而是玩弄自己的头发。

身体距离的心理暗示

“身体距离”即“私人空间”，指环绕在人体四周的一个抽象范围。我们无法准确地在我们的周围画一个明确的界线，但是它确实存在。在拥挤的地铁或者公交车上，当别人过于接近你时，你从内心深处会有一种不安全感和不悦情绪，你会通过变换自己的位置来逃避不快感。当别人越过合适的私人交往距离时，你会对对方产生一种厌恶情绪，这种情绪给了你消极的心理暗示，使得你对这个人留下了不好的印象。鉴于此，我们在与人交往时，应该合适调控我们和别人之间的身体距离，以达到积极心理暗示的效果。

认识个人的空间距离

人类学家爱德华·霍尔将日常生活中人与人的空间距离分为四

类，分别为亲密距离、个人距离、社交距离和公共距离。

- 亲密距离。一般来说，亲密距离的范围为 0 ～ 0.5 米。这个距离只有在亲人、爱人、好友之间适用，对于认识时间不长或者刚刚认识的人，千万不要轻易越过这个距离。
- 个人距离。个人距离的范围一般为 0.5 ～ 1.2 米。正常生活和工作交往中的人都可以进入这个范围，这是一个没有身体接触的距离。一般熟人可以接近 0.5 米，而陌生人处于 1.2 米的距离比较保险。
- 社交距离。1.2 ～ 3.5 米是社交的标准距离。这样的距离范围适用于正式的社交活动、外交会谈、商务交谈中。
- 公共距离。公共距离的范围为 3.5 ～ 8.3 米，这一距离不适合人际沟通，是公开演说时演说者与听众之间的距离。

爱德华的这种空间距离分类是一种理想状态下的设想。现实生活中，人与人的交往通常是不能以空间距离的远近来衡量其心理距离的。古代成天跟在皇帝身边的太监说不定就是一个拭君篡位的谋划者。当今社会也是如此，看似有些人的空间距离处于亲密距离的范围，但是其心理距离却非常远。

所以，人与人之间要进行有效的沟通，就要求交流双方能在空间距离和心理距离之间画上等号。

灵活应用个人的空间距离

你可能有这样的经历，一个第一次跟你见面的人，为了很快和你熟络起来，会主动上前跟你勾肩搭背，不管是同性还是异性的，即使对方表现得非常友好和善，你也会觉得有些反感。

因此，在你跟别人的交往过程中，如果你想给对方留下美好的印象，一定要严格遵守“保持身体间距”的黄金法则。当你接收到对方认同你、开始想要接近你的信息时，你才能进一步靠近对方。例如，假如你是一位男士，在刚认识一位女士时，即使对对方有好感，也应该保持礼貌的距离，否则触动了女士的敏感神经，反而不利于你们进一步交往。

跟男士相比，女士之间的身体间距会更近一些，而且彼此的身体接触也会更多、更随意一些。你看见见了几次面就牵手上街的女士不会觉得太奇怪，如果才认识不久就勾肩搭背走在一起的男士则可能被人误以为同性恋。这种男士和女士之间身体间距的差距我们应该了然于胸，不然可能在社交中闹出笑话。

身体距离的文化差异

一对意大利夫妇移民澳大利亚，不久他们加入了当地的一个俱乐部。可是，没过多久，该俱乐部的一些本地会员便反映这对意大利夫妇行为不检点，他们对异性有性骚扰的倾向。当问到这对意大利夫妇时，他们大吃一惊，在他们国家非常常见的交往距离，在澳大利亚却给了别人糟糕的误会。

原来，很多欧洲国家的人的身体交往距离为 20 ~ 30 厘米，而澳大利亚人的身体交往距离却大于 40 厘米，于是当这对意大利夫妇与澳大利亚朋友保持 25 厘米的身体距离交谈时，他们自己感到非常自如，而且意大利人比较喜欢进行目光交流和身体接触，而这在澳大利亚很可能被认为是求爱的举动。如此一来，双方造成误会也是意料之中了。

因此，在社会交往中，我们不能不关注文化方面的差异。在交谈时，人与人之间距离最近的是拉美人和阿拉伯人，最远的是日本人，欧美人介于两者之间。对美国人来说，最合适的交谈距离是 90 厘米左右，也就是一臂的长度。假如一个阿拉伯人与一个日本人进行交谈，你会发现阿拉伯人愿意站得很近交谈，日本人就会觉得不舒服，会后退。这时，阿拉伯人就会觉得太远无法讲话，又靠近，然后日本人再后退。这样半小时下来，他们可能已经从房间的一头谈到了另一头。

> 在交谈时，人与人之间距离最近的是拉美人和阿拉伯人，最远的是日本人，欧美人介于两者之间。对美国人来说，最合适的交谈距离是90厘米左右。

准备就绪的坐姿：是肯定的回答吗

在一个谈判会议上，你提出了一个建议，对方听完你的陈述后换了一个坐姿：身体前倾，将两腿自然分开，两只手自然搭在腿上，两脚一前一后，后面的脚甚至踮起脚尖，好像准备就绪了。当你看到这个坐姿时，可以肯定对方愿意发表意见，所以此时你可以大胆地询问对方的看法！

准备回答但不一定是肯定回答

准备就绪的姿势是职场中人最该学会辨认的姿势之一，因为在日常商业交往中，当你说完一段话或者陈述完一个观点时，对方是否准备好作答以及是否给出肯定的回答，是你应该提前从他的肢体语言上读解出来的。只有这样，你才能在某些情况发生时，灵活恰当地加以应对。

试想你是一个演讲者，在演讲过程中，你讲到一半时，突然叫台下的听众回答问题。如果你叫了一个正在望着窗外的听众，他很可能茫然地站起来不知如何作答，因为他没有认真在听，而且没有准备好回答你的问题；如果你看见某个听众改变了刚才的坐姿，变成了准备就绪的坐姿，显示出跃跃欲试的姿态，这时你叫这个听众来回答问题，现场一定会互动起来，因为他准备好了发表自己对相关问题的意见，他的意见可能让你的演讲生动起来。但是，听众做出准备就绪的姿势，并不意味着他会对你的意见表示肯定，很多情况下他给出的是否定意见，需要在和你的争执过程中消灭异议，达成共识。

从坐姿判断这笔生意成功与否

前面我们已经说过，抚摸下巴表示对方正在思考如何做决定。在人际交往中，特别是在工作交往中，你和对方正在谈一笔生意，抚摸下巴后的坐姿会透露你们这笔生意是否会成功。

如果对方在考虑之后（抚摸完下巴之后）做出前面所说的准备就绪的坐姿，而且对方的情绪明显有点激动，那么可以肯定这笔生意马上就可以拍板通过了。此时对方准备就绪的坐姿是对方准备发言表示认同，或者起身和你握手表示合作愉快之意。

假如对方在思考之后，变换了坐姿，将后背靠在椅子上，眼睛盯着某个地方陷入思考状态，而且下意识地交叉双臂，注意，情况不妙，他正在考虑如何反驳你，他显然对你提出的双方的合作方式或合作细节存在异议。此时，应当就对方可能产生反对意见的地方提出更有说服力的论据，或者提出有余地的新方案，否则，他很可能在放下双臂的同时说："对不起，我不同意合作！"

不能忽略搓腿这个小动作

当人们两腿分开自然地坐着时，常常会做出搓腿的小动作，这个动作不易被发现，因为它常常是在桌子下方进行的。对方将一只手（或双手）放在一条腿（或双腿）上，然后反复地摩擦搓揉腿部。当出现这个小动作时，虽然其他腿部动作可能和前面所说的准备就绪的腿部动作一样，但是此时对方并不是准备逃跑或者准备给出回答，而是他很焦虑，他正在通过搓腿的动作进行自我安慰。反复搓腿可能是因为对方紧张到手心出汗，这样做是想通过擦干手心的汗来消除紧张感。

我们经常可以从银幕上看到这样的场景：警察在审问嫌疑人时

总会仔细观察他是否有不断搓腿的动作。如果有，就说明他非常紧张焦虑，他说的话有可能是谎言，或者他对目前这个问题感到忧虑，而这些都能成为断案的重要线索。

袁军去参加一个面试，面试过程中和面试官交谈得非常顺利。在快结束时，袁军提到了工作习惯的重要性，然后随口提起很多人利用上班时间上“开心网”“天涯论坛”等网站，这是非常不好的习惯。面试官问袁军：“那你有上这些网站的习惯吗？”袁军忙摇头否定。但是面试官发现袁军在回答这个问题时双手不停地搓腿。袁军的动作引起了面试官的怀疑，后来面试官在“开心网”等几个实名制网站上看到了袁军的资料，而且显然袁军还是这些网站的忠实“粉丝”。结果是肯定的，袁军未被这家公司录用。

> 当对方身体前倾，两腿自然分开，两只手自然搭在腿上，两脚一前一后，后面的脚甚至踮起脚尖时，他准备要离开或者要发表自己观点了！

总 结

很多人苦恼于不能把握交谈对象内心真实的想法，不知道对方对自己是接纳还是排斥。如果你也正在为这个问题烦恼，那么一定要认真学习本章的内容。注意，交谈双方或远或近的心理距离，其实可以从他们的肢体动作上很明显地看出来。

1. 双臂交叉抱于胸前，是明显表示排斥和戒备的动作。

2. 双腿交叉和双臂交叉抱于胸前一样，也是想在自己和别人之间筑起一道防线。

3. 微笑并不一定表示接纳，当一个人在微笑时紧闭着双唇，他其实正表现出温和的抗拒。

4. 如果一个人在微笑时出现阴阳不一的表情，这种微笑我们叫作歪脸笑，它是明显的排斥标志。

5. 如果一个人双臂交叉且双手紧握拳头，说明他此刻察觉到了敌意，并且有意识地通过该动作进行自我保护。

6. 面对一场争论，一个人将双手插入口袋，这说明他只想做一个旁观者。

7. 一个人背在后面的双手抓握在一起时表示权威和自信，但是当他用一只手抓住另一只手的手腕，且抓握的位置越来越高，说明他内心的挫败感越来越强烈。

8. 拉扯耳垂是动作者内心焦虑的表现，他此刻可能因为某事而困扰，或者他因为说谎而心虚。

9. 人类学家爱德华·霍尔将日常生活中人与人的空间距离分为四类，分别为亲密距离、个人距离、社交距离和公共距离，这四种距离的范围分别为0 ~ 0.5米、0.5 ~ 1.2米、1.2 ~ 3.5米、3.5 ~ 8.3米。

10. 当一个人做出准备就绪的动作时，表示他准备做出回答，但是回答不一定是肯定的。

第3章 判定对方的心理软肋

坐在桌子另一端的男人小心地回答着特勤队队长的问题。其实，这个男人并不是这起案件的主要嫌疑人，他有充分的不在场证据，但是队长还是问着一个个看似很简单的问题。

如果你参与这个案件，你会使用刀子吗？

如果你参与这个案件，你会使用锤子吗？

听到受害人，也就是你哥哥去世的消息，你是什么感觉？

这个案件的作案工具是一把锤子，这是整个特警大队都知道的事情，而且受害人是这个男人的哥哥，他的正常反应当然是难过。特勤队队长问这些简单的问题，只是想观察嫌疑人在听到这些问题时的细微动作变化，进而读解对方的真实内心。这个男人说自己在听到哥哥遇害的消息时很震惊、很难过，但在说着这些时，他的脸上并未出现悲伤的表情，而且嘴角闪过一丝不屑的表情，这些信息说明这个男人和他哥哥之间有明显的对立关系。这些信息成了破案的关键，这个男人也从这一刻起成为第一嫌疑人。

这个故事告诉我们，要想知道对方的立场和态度，我们应当学会观察对方的微表情。对方想妥协还是想坚决抗争，他的肢体语言会告诉我们。

顽固的“4”字腿

麦克在一次和人交谈中被当面指出了坐姿有问题，谈话无法进行下去。当时麦克将一条腿跷到另一条腿上，两条腿成“4”字状，麦克是下意识地做出了最让自己舒服的动作，可是这在社会交往中会妨碍交流双方谈话的顺利进行。

尽管上面这个姿势在休息的时候经常出现，但如果这个姿势出现在双方的交谈过程中，即意味着对方正在寻找你的破绽并组织自己的思路，以便展开强有力的争辩。

“不拘小节”在我们印象中是一个褒义词，但是在社会交往中，我们不能过分不拘小节，否则就会像麦克一样犯了错还浑然不知。因为，一个人在做出“4”字腿坐姿的时候，他传达给别人的意思是：我只相信自己，我不认同你们任何人！

"4"字腿：固执者惯用的姿势

汤姆是一家建筑公司的设计师，刚进公司不久他就被委以重任，去和另一家公司合作策划一个商务住宅项目。在策划会上，汤姆表现得非常积极，而且提出了非常具有建设性的意见。可是，汤姆的某一设计理念可能有成本超支的问题，其他几个设计师都提出了异议，但是汤姆觉得这是整个项目的出彩点，所以据理力争，想说服其他几个设计师。最后，几个设计师都拒绝继续讨论下去，策划会不欢而散。随后汤姆被领导叫到办公室批评了一顿，指出了他的三大罪状：固执，傲慢，没有合作意识。随后公司又派了另一个设计师去参与这个项目，汤姆失去了一个很好的表现机会。

事后汤姆很郁闷，领导指出的三大罪状让他不能释怀，他是在策划会上坚持己见，可是他并没有表现出傲慢和过分固执，而且他的意见都是以公司利益为出发点的。汤姆对领导指出的几点批评意见不能认同，但是如果我们回放当天的场景，我们就会发现这三大罪状，汤姆名副其实。

首先，汤姆坚持自己的意见不肯做出任何妥协，而且不吸纳别人的意见，这显示了他很固执，也很傲慢。

其次，汤姆在和同事争论时，他的坐姿是后背靠在椅子上，一条腿高高跷在另一条腿之上，形成"4"字腿的姿势，而且他还用双手抓住处于上方的那条腿。这个姿势是典型的顽固分子的身体语言，做出这个姿势的人一般是一个固执己见、凡事只相信自己的人；而且这个坐姿在旁人看来非常没有礼貌，这进一步证明了其固执和傲慢。

最后，由于汤姆的坚持，策划会不欢而散，破坏了整个计划的进程，这说明他没有集体意识，缺乏合作精神。

在现实交往中，特别是在工作环境中，我们应当批判地接受来自不同人的意见，即使我们生性是一个固执的人，我们也应该有意识地提醒自己去改善自己。而我们改善的第一步是，从肢体语言和口头语言上控制自己，不要让自己露出顽固的信息。

摇动的脚告诉我们什么

人们在跷起“4”字腿时，常常还伴随着一个习惯性的动作——摇动脚部。很多人都承认在自己跷起二郎腿和摆出“4”字腿的坐姿时，会不由自主地抖动起腿和脚。

过于放松的表现

这个动作对很多人来说是一种习惯。做记者的小焦说：“我在跷着二郎腿的时候总喜欢抖动腿部，我觉得这个动作可以让我放松，但是朋友说我晃动腿让他们非常不舒服。”像小焦这样摇动腿脚的人常常状态非常放松，而且心情非常愉悦，但是坐在旁边的人对此却不是很享受。调查发现，很多人都很反感坐在旁边的人晃动腿脚，因为这个动作常常会分散旁边人的注意力，让旁边的人产生焦虑情绪。

得意逍遥的状态

另一部分人在跷起“4”字腿的同时摇动腿脚则反映出他此刻非常得意的状态，这样的场景我们常在银幕上或者现实生活中见到。一个人在提出一个足以震慑现场的观点时，在别人的赞叹声中，这个人会跷着二郎腿得意地摇着腿脚，有时还会叼着一支烟，如此更显出其沾沾自喜的状态。

焦躁不安的情绪表现

当我们在审讯室或者采访现场看到“4”字腿和摇腿的组合动作时，很多情况下，这显示的是被审问或被采访对象内心焦躁不安的情绪。在一次采访中，一个明星原本靠在椅子后背上，跷着“4”字腿，轻摇着他的腿，非常轻松地回答着问题。当问到他近期的几个绯闻时，这个明星面露尴尬和不悦之色，摇动腿脚的频率也加快了，而且在说到其中一个绯闻时，他的“4”字腿改成了二郎腿，脚由摇变成了踢。动作的发生就在一瞬间，但是很明显。

> 当一个人的脚部动作从左右摇动变成前后踢动时，说明这个人此刻内心想到了消极或不高兴的事情，或者产生了焦虑、不安等情绪。

会说话的烟圈

在当今这个竞争激烈、压力日趋增大的社会，置身于社交场合和商务场合的现代人总是不自觉地产生紧张和局促感，这时，抽烟变成了他们缓解紧张情绪的一种方式，此时的抽烟动作更多是出于对安全感的渴望。当吸烟者点燃一支烟时，他的紧张感就会消失，他内心的不安就可以隐藏起来吗？答案是否定的，因为对方的内心活动还是会通过抽烟的姿势和吐出的烟圈表现出来。学会身体语言密码，烟圈也是会说话的！

吸烟是一种社交行为吗

我们一般都认为吸烟是为了缓解压力，是为了获得安全感。科学家研究表明，婴儿是否用母乳喂养，与成年后会否染上烟瘾有很大关系。母乳喂养的时间越长，长大后就越不可能成为吸烟者，因为接受母乳喂养的孩子通过乳头与母亲紧紧相连，从而获得安全感。而没有用母乳喂养的人潜意识里缺乏安全感，因此他长大后会选择去叼一支烟来求得安全感。

但是有一些吸烟者跳出来反对科学家的观点，说他们吸烟并非缺乏安全感，而是一种社交行为。这部分人认为吸烟是一种带有社交意味的行为，“喝点小酒”“饭后一支烟”，这可以让整个交流氛围轻松自然起来。而且这些人认为吸烟可以让他们在别人面前保持某种特定的形象，就像电影《英雄本色》里的小马哥，《上海滩》里的许文强一样，叼支烟能给人一种自信和酷帅的感觉，特别能吸引异性的目光。这部分吸烟者被称为“社交型吸烟者”，他们从香烟点燃那一刻开始到最后熄灭，只有 20% 的时间在做短促的吸烟动作，而其他时间都用来展示自己的特定形象。

对于这些将抽烟当成一种表演，不会产生烟瘾的吸烟者来说，吸烟真的可以成为一种社交行为。

烟圈的方向透露了对方的情绪状态

一个吸烟者是向上吐烟圈还是向下吐烟圈，能显示出他此刻的情绪状态。如果一个人向上喷吐烟圈，说明此人此刻心情积极乐观，非常自信；如果一个人的烟圈方向向下，则说明此人此刻对周围环境或者正在经历的事抱有的态度是消极的、悲观的、不确定的。这跟两种不同心情的人的坐姿也有关系，自信乐观的人常常仰着头，或者靠在椅背上，他吐出的烟圈自然也是向上的；而心情低落消极的人常常蹙眉低头，烟圈自然随着他低着头的方向向下去了。

向上吐烟：自信、乐观、骄傲（见左图）；向下吐烟：悲观、猜疑（见右图）。

当然，我们不能排除一种情况，那就是有些吸烟者为了不冒犯在座的不吸烟的人，或者有女士和孩子在场时，出于礼貌，他们会低一下头侧一下身将烟圈吐向旁边，避免旁人受到影响。

另外，一个人向特定方向喷吐烟圈的速度和他此刻的积极或消极的情绪成正比。也就是说一个人向上喷吐烟圈的速度越快，说明他此刻越自信得意；向下喷吐烟圈的速度越快，则这个人的消极情绪越强烈。例如，我们在一些电影场景中经常看到，黑帮老大倚着一辆车或者靠在一个椅子旁迅速地向上喷吐着烟圈，虽然当时大敌当前，但是我们可以从他喷吐烟圈的速度和方向上看出他胜券在握。在《上海滩》中，当许文强必须和冯程程分手时，他站在桥头，眉头紧锁，微低着头，不断喷吐出的烟圈向斜下方而去，由此我们可知许文强此刻内心极其挣扎和痛苦。

吸烟者如何告诉你他想结束会谈

当你和一个吸烟者正在交谈时，你可以通过对方熄灭烟头的时间和架势来判断对方是否想结束对话。如果对方抽完整根烟才熄灭烟头，而且对方拿起了另一根烟或者端起了茶杯喝茶，那就说明对方想继续和你交谈下去。此时，出于礼貌，你可以询问对方茶水是否合意，要不要换一种。

如果对方抽烟抽到一半就熄灭烟头，那就情形不妙，对方很可能不想继续和你交谈，他可能已经做出了结束谈话的准备。接收到这个信号后，你就应当适时结束谈话，以免引起对方厌烦。

> 一个人向上喷吐烟圈，说明此人此刻心情积极乐观，非常自信；一个人的烟圈方向向下，则说明此人的态度是消极的、悲观的、不确定的。

表达善意：手心向上

日语中有个短语，直译是“让对方看手心”，意思是坦白所有的秘密，让对方看到你的善意和真心。如果你想判断对方对你心存善意还是心怀戒备，你只需要看他的手放在哪里，他的手心是否朝上。对你有善意、比较信任你的人，会把手放在桌子上，而且手心向上，因为这样的人才算真正敞开了心扉。

观察对方是否把手藏了起来

如果想知道交谈对象对你的信任程度，可以观察他的手是放在桌子上，还是藏在了你看不见的地方。如果对方自然地将手放在桌子上且手心向上，那么说明他对你是友善的、是信任的；如果对方将手藏到了桌子底下或者把手垫在屁股底下，则说明他对你存有很强的戒备心。

有些人可能会有这样的疑惑："对方和我交谈时面带微笑，而且他也会给我提供一些重要的信息，我觉得他是真诚的。但是他把手放在桌子下面，这相互矛盾的现象该如何解释？"

对于这样的情况，正确的做法是：相信亲眼见到的，不要轻信亲耳听到的。事先编排好自己肢体动作的人少之又少，可是谎话却可以提前编排好；故意摆出一个肢体动作会显得不自然，可是习惯撒谎的人信口开河可以听起来跟真心话一样。

此外，有些人提供了一些看似重要的信息，只是这些看似重要的信息对他已经没有价值或者对他的利益不构成威胁。只要对方将手隐藏在桌子之下，就有理由相信他尚未真正敞开心扉。

手心向上和向下，表意截然不同

我们都知道，在谈话过程中，一个人的语调、语音、面部表情的变化都比较少，但是他放在桌子上的手却不停地变换着姿势，只是手心向上和向下的变换，它表达了截然不同的意思。

手心向上一般表示和善、顺从之意，我们常见的乞丐乞讨时的姿势是一边伸出双手，手心向上，一边说着"给点吧，给点吧"。在日常社会交往中，人们手心向上，是想告诉对方"我对你是坦诚的""看，我的手里没有武器"。手心向上的姿势还常用于邀请某人就座或者上台演讲，这时，伸出一只手，手心向上，朝向目标地点指示，对方便可明白你的意思。

在经历了演变和发展之后，手心向上衍生出了不少表达同样意思的其他姿势，例如，举起一只手以手掌示人，或者将手掌按压在心口上，这都是手心向上动作的衍生，我们应该学会变通。

手心向上是一种坦诚的标志，代表着亲切、无恶意；手心向下通常代表着一种权威和自信。大多数身居要位的人面向下属的手势，通常是手心向下。

手心向下一般给人以压迫感和权威感。仔细观察你会发现，公司会议上，老总的手势一般是双手抱臂或者将双手放在桌子上，手心向下。如果和你交往的对象是上级或者同级别的，千万不要在讲话过程中将手心翻转向下。因为如果对方是领导，他会觉得你不尊重他；如果是同事，他会觉得你这是挑衅的动作，可能会激起他的抗拒心理。

其实我们在生活中常见的一个手势可以很明了地说明手心向上和向下不同的表意。当一男一女牵着手走路时，常常是男士的手掌向下，而女士顺从地将手心向上紧贴着男士的手心，这正说明了男士的权威和女士的顺从。

> 和别人交谈时，有意识地将手放在桌子上，手心向上，我们就会在潜意识里提醒自己必须说真话，而且对别人要友善。久而久之，我们就会养成坦诚的习惯。

准备攻击的姿态：双手叉腰

如果让你描述一个泼妇，你会用哪些姿势和动作呢？相信很多人第一想到的就是双手叉腰的动作，接着便是伸出一只手指着某人骂街的姿势。没错！当一个代表性的攻击性人物——泼妇要发飙时，她会首先双手叉腰，做出这个标准的准备攻击的姿态！

当一个代表性的攻击性人物——泼妇要发飙时，她会首先双手叉腰，做出这个标准的准备攻击的姿态！

攻击者为什么喜欢双手叉腰

你曾经看过斗鸡的场景吗？两只鸡在开始斗争之前，它们都会有一个典型的动作，那就是挺直身体，使劲抖动自己的翅膀；而猫和狗则会努力让自己的皮毛竖起来；鸟或者一些别的动物不光在搏斗，还在求爱时下意识地抖动自己的躯干。这些动物这样做的目的都是一样的，那就是为了让自己的身躯看起来更强壮，以震慑住目标对象。对于我们人类而言，当我们受到惊吓或者准备迎接可怕的斗争时，我们都会后背发凉，感觉汗毛都竖起来了，这其实是人类在一定情境下为了使自己看起来更强大而产生的下意识的生理反应。而现如今，当人类进化为文明的直立动物，能灵活掌控自己的躯体时，我们主动选择了另一个姿势来使自己看起来更强大、更好斗，这就是双手叉腰的姿势。

当一个人想要攻击别人时，他首先想从气势上压倒对方，因此他会选择双手叉腰来扩展自己的躯干，通过占据更多的空间来夺得气势。试想一个瘦弱的女士，单站在那里显得弱不禁风，但是她要跟人吵架时，双手一叉腰，食指一伸指向目标对象，再用上她高八度的声音，这原本外形柔弱的女子，一下子让人不敢靠近了。因此，当你面对一个双手叉腰的人时，千万不要被他的这个姿势吓跑了，他很可能只是在虚张声势而已。

双手叉腰：准备进攻的信号

运动场上，台下站着的准备进场的运动员总会双手叉腰看着赛场上对手的表现，这时的双手叉腰是一个准备就绪、等待上场表现的姿势；电影场景中，一帮街头古惑仔在看到自己常活动的区域被别人占领时，他们下意识地将双手叉在腰间，恶狠狠地看着这些人，此时即使他们一言不发，他们的姿势和眼神也会发出准备进攻的信号。

双手叉腰的动作可以说是世界通用的身体语言，而且代表的意思也是一样的，表示强烈的攻击性。不过菲律宾和马来西亚除外，在这两个国家，这个姿势更多表示人很愤怒，因此这个姿势在这两个国家是比较忌讳的。

如果双手叉腰改成单手叉腰，攻击的意味便大大减弱，但是仍具有一定的攻击意味。这个姿势一般是自信者的招牌动作，他准备进攻，而且有志在必得的决心。

当然，做出这个姿势的人并不都是准备进攻的人，例如，时装女模特和一些时髦女郎在做出双手叉腰和单手叉腰的姿势时，她们是要更好地展示自己身上的服装和自己动人的腰肢。T台上的模特在走台步时，总会双手或者单手叉腰向观众走来，此时，她们显然不是准备进攻观众，而是以更曼妙的姿态吸引观众的注意力，赢得他们的认可。

演化后的双手叉腰姿势

一些街头的有个性的男女或者银幕上的西部牛仔，他们经常会做出一个相同的双手叉腰动作，那就是将大拇指塞进皮带或放在裤兜里，其他四个手指露在外面，这个姿势和双手直接叉腰的姿势一样具有攻击意味和自信姿态，它可以被视为演化的双手叉腰姿势。

电影中的西部牛仔做出这样的姿势被认为有性意味的攻击性姿势，因为这个动作会凸显男性的生殖器，而且留在外面的四个手指像指示针一样在指定自己的领地，这个经典的动作好像在告诉别人："我是男子汉，我主宰一切！"也许正因为如此，男士在散步时非常喜欢摆出这个姿势。

时下有个性的男女摆出这个姿势，他们的攻击意味就相对减弱了，他们摆这个姿势更多是耍酷。现代所谓的"嘻哈一族"，经常喜欢穿着破破烂烂的牛仔裤，拇指塞进皮带或者裤兜里，半走半跳地唱着Rap。他们并不想攻击谁，而是想通过特立独行的行头和姿势来吸引别人的注意。

有的人不会把自己的攻击性肆无忌惮地表现出来，上面这个动作就是典型。但上面这个人将大拇指塞进皮带或放在裤兜里，其他四个手指露在外面，同样暴露出他的真实想法。

双手叉腰的动作可以让一个人的身躯看起来更加强壮，因此，当一个人要和别人争斗时，他会通过双手叉腰的姿势来给自己积极的心理暗示。

低头耸肩：微妙的表达

你正走在路上，突然身后一身巨响，你下意识的姿势可能是向下低头同时向上耸肩。我们在受到惊吓或遭到威胁时，总喜欢做出低头耸肩的姿势，是因为这个姿势能保护我们柔弱的脖子和喉咙免受攻击。但是，在人际交往中，很多人也会下意识地做出这个动作，它又是什么意思呢？

信心不足时，很多人会低头耸肩

低头、弓背、脖子缩起来，这样能使自己显得更小，因而也是一种示弱的姿态。

在人际交往和商务谈判场合，当人们说错话或者做错事时，他们会感到非常不安和愧疚，这时他们会及时向对方道歉，而道歉时典型的肢体动作是低头耸肩。此时低头耸肩是因为犯错者内心愧疚、信心不足，这个动作可以让自己显得弱小一些，这样就不会对对方的威严和地位造成威胁，对方也就更容易原谅这个犯错的人。此外，低头耸肩的动作也有可能是这个人非常的不自然，缺乏信心。在一个会议上，如果你仔细观察，就会发现有很多人做出低头耸肩的姿势，这是因为他们内心缺乏信心。

假设办公室里的人正在忙着工作，突然老板走进来说："大家都在忙什么？"这时有骄人业绩的人会挺胸抬头，在众人面前说自己的业绩，而那些业绩平平的人则会低着头，耸起肩膀，好像要把头藏起来一般。

又比如，幼儿园的老师站在讲台上对孩子们说："有人打破了花瓶，是谁呢？可以主动告诉老师吗？"这时一个孩子低着头，双肩耸到了几乎耳朵的高度。从这个动作可以看出，这个小孩可能就是那个肇事者。

低头耸肩姿势揭示两人之间的尊卑地位

在古装剧中，我们总能看见这样一个场景：皇帝不论身材是否魁梧高大，总是抬头挺胸、气宇轩昂地走在前面，而他身后的太监则低着头、耸着肩跟在后面，这种低头耸肩的姿势让人一目了然地看清了皇帝和太监之间明显的尊卑地位。

低头耸肩可以让一个人看起来比自己原来的身形更低矮一些，这样就可以从外形和气势上衬托出旁边的上司或者主人（古代的君王）的伟岸，让他获得心理上的满足感。

例如，你和领导去参加一个晚宴，你应该时刻以微微低头、稍稍耸肩的姿势跟着领导，在领导需要你做什么的时候立即行动。

不想引人注意时，低头耸肩离开

在一个演讲会上，演讲者正在上面一板一眼地演说着，下面观众有多半昏昏欲睡，有几个胆大者提起了背包，低着头、弓着背悄悄地离开了现场。此时，如果我们定格这些人的姿势，我们会发现他们把自己蜷缩成一个半球状，好像是悄悄滚动着出了演讲现场。这些人之所以这样做，是因为他们的离开是不合规矩的，他们不想引起大家的注意，以免招来异样的眼光；同时也不想因为动静太大打扰了别人听讲，招来反感。

职场人士可能有过这样的经历：同事路过领导办公室，看见领导正在批评另一个同事，这个同事会急忙低头耸肩，蹑手蹑脚地闪过领导的办公室，以免发出动静让自己也被牵扯进去。这个姿势其实包含着人们的希望，在不想被发现的情境下，最小化自己的身形，以安全地离开现场。

在日常人际交往中，如果你看见一个低头耸肩的人，你的第一反应肯定是这个人心情不好，或者自信心不足，你对这个人的印象就会大大减分。

要养成走路、站立时抬头挺胸的习惯，让别人从你的姿势上感受到你身上散发出来的自信。一个经常做出低头耸肩姿势的人，多半不会获得别人的好感。

双腿交缠：顺从的标签

这样的影视剧场景你是否熟悉？一个道貌岸然的伪君子赢得了清纯善良的女主角的信任，当他想进一步行动时，他首先坐到了女主角的身旁，而此时我们怜爱的女主角的姿势往往是微微低头，将一只脚的脚尖紧贴在另一条腿上，肩膀微微抽动，小脸绯红。

此时我们关切的女主人公似一个待宰的小羔羊，荧屏前的我们直着急，强烈呼唤着男主人公来个“最后一分钟营救”。这里，我们怜爱的那个单纯又善良的女主人公做出了一个展现羞涩之态的经典动作——双腿交缠在一起，而这个动作表现的身体语言正是顺从、羞涩。

哪些人习惯将双腿交缠起来

如前面我们熟悉的影视剧场景里所描述的，常常习惯将双腿交缠在一起的人，往往是那些瘦弱的女士。很多女士会在和人交谈时，将一只脚的脚尖紧贴在另一条腿上，这样的姿势显示出当事人的不安全感，甚至是怯懦，全然一副顺从的模样。此时，不管她的上身和脸部表情是多么的放松，她交缠的双腿泄露了她羞涩、退缩的秘密。

这个动作限于女士，特别是身材瘦弱的女士，这是因为，首先，这是一个退缩、规避危险的下意识动作，那些瘦弱的女士更容易遭受到威胁；其次，如果一个男士做这样的动作，会显得非常女性化，会引起别人的耻笑和反感；最后，一些身材肥胖者做出这个姿势有一定的难度，而且有“东施效颦”之嫌。

对于这些习惯交缠双腿的人，要想和她们成功沟通，我们必须用温暖、友好的方式去慢慢拉近和对方的心理距离，在对方放松心理戒备时和其进行进一步的沟通，过于直白的情感表达方式对这些人是非常不合适的。

恋爱的腿脚

在一个非常轻松舒适的交流环境中，当人们对对方有好感时，他们会通过脚部接触或安抚来表达对对方的爱意，而这些原本习惯交缠双腿的羞涩顺从者，也会主动改变自己的腿脚姿势。

假如你去一个情调高雅的餐厅吃饭，旁边坐着一对看似刚认识不久的男女，其中男士潇洒帅气，女士文静羞涩。要想观察他们相处是否融洽，除了通过偷听他们对话这种不礼貌的方式，还可以通过观察两个人桌子底下的腿脚姿势来判断。如果他们相处得不太好，他们的脚就会离得很远，女士的脚很有可能双缠在一起，紧紧靠在自己椅子腿上；如果两人的交谈非常融洽，女士交缠的双脚就会松动，而且会慢慢向前移动，让自己的腿向前自然伸展。这时，如果两人一不小心碰到了对方的腿脚，就会出现小小的尴尬，却会微妙地拉近两人的关系。

两个人在恋爱时，腿脚的方向和动作是会传情达意的。当两个异性并肩坐在一起时，如果他们的脚尖朝向对方，那么说明他们对对方有爱慕之意。如果其中一个人不喜欢另一个人，他的脚尖就会指向另一个方向，这样双方之间就像有了沟壑一样。

避免做双腿交缠动作的情境

虽然双腿交缠很多时候是下意识的动作，但是在很多情境下，做这个动作要慎之又慎，否则会造成尴尬或带来误会。

穿短裙时

假如你是一位女士，而且在和别人坐着交谈时，交谈双方之间并没有桌子或者其他障碍物，这时，你最合适的坐姿应该是双腿夹紧并微微斜向一方，而如果你交叉或者交缠双腿，可能会遇上走光的尴尬情境。好多女明星被拍到走光的照片，都是在穿短裙忘记了坐姿要领的时刻。

穿戴较厚时

在寒冷的冬天，我们常常为了避寒，把自己包裹得像粽子一样，这时，我们要想交缠起双腿会非常困难，而且会显得非常笨拙和不自然。因此，假如你是一个有交缠自己双腿习惯的人，记得在冬天放弃这个习惯，或者干脆趁冬天不方便的时候改掉这个习惯。

> 女士做出交缠双腿的动作会给人羞涩和顺从的印象。女士的这个动作会激发出男性主宰和控制的欲望。

否定的信号：压低下巴

不知你是否发现，我们从小孩长成大人，不光是外形和思想观念在发生变化，我们的肢体语言要表达的意思也发生了一定的变化。

小时候，当我们犯了错误、回答班主任的问话时，总是压低下巴，低着头，不敢正视老师的眼睛。这时，我们压低下巴的姿势是不安和愧疚的信号。

而当我们是成人时，我们在和对方交谈过程中突然压低下巴，移开自己直视对方的目光，不是因为我们犯了错，而常常是因为我们对对方的话产生了相反意见，我们不想继续给予对方积极的眼神支持和其他身体语言方面的肯定，我们压低下巴低着头的时候往往会形成批判性的意见。也就是说，成人版压低下巴的姿势是否定对方的信号。

低头并压低下巴的动作在很多工作、商务场合能见到，它表示否定态度或者沮丧的内在心理情绪。

否定信号往往不是单一的

解析身体语言最忌讳的是“断章取义”，只要捕捉到我们所说的某一姿势就扣上其代表的意思。有很多人在对方一低下头时，就在内心惊呼：“怎么办？他压低下巴了，他在否定我！”其实对方只是不习惯长时间和你进行直视，而暂时性地逃避你的目光，做出低头动作。要想准确判定对方是否表露出否定你的意思，你需要掌握其他否定信号。

当对方对你的观点表示否定时，他在压低下巴微微低头的同时，目光会固定在某一个地方，但是眼珠会不停地上下转动，这说明对方正在进行思考。这时，你应该先停住自己的话题，询问对方是不是有什么问题，询问清楚后及时解决问题，不要让问题越积越多。

此外，一个人在表示对对方的否定时，还会有一个常见的动作，那就是紧锁眉头、托住下巴，这时，对方很有可能在思考如何表达自己的反对意见，此时，以新策略和新思路来说服对方便是你的当务之急了。

如果你的听众压低着下巴该怎么办

有经验的会议发言人往往可以通过台下听众的肢体动作来判断他们的倾听状态。当台下听众压低着下巴或者托着下巴时，有些会议发言人就会开始紧张了：他要否定我或者他已经走神了！但是，有经验的会议发言人会有有效的应对秘籍。现在，我们就向经验丰富的会议发言人——某企业行政经理曹某偷学几招吧。

曹某："发言之前就应该未雨绸缪，先和台下观众拉近关系。"

曹某在每次重要发言前总是提前一刻钟到达会议现场，然后曹某会主动走到台下和听众亲切地交流，而交流的问题大多是听众关心的专业问题。有些时候听众和演讲者之间有一种距离感，这时，曹某就会用唠家常的方式来消除听众的戒备心理。这样一来，正式演讲开始时，一部分听众就已经对他产生了兴趣和认同感，这对接下来良好的演讲氛围的营造是非常有效的。

曹某："我会在黑板或者屏幕上做一些文章，这样听众们就会不时抬起头来。"

很多演讲之所以失败，是因为发言者大多都是照着演讲稿念的，听众听着听着就产生了困倦之意，而温暖的会议室又常常是瞌睡虫滋生的温床，如此一来，听众留在演讲词上的注意力一会儿就消散了。针对此种情况，成功发言人曹某的经验是：不要拿演讲稿，把它做成 PPT，或者在黑板上画出有意思的导图。这些有视觉吸引力的形式无疑会将听众的注意力吸引到演讲中来。

曹某："直接告诉听众，请大家坐直身板抬起头来。"

听众瘫坐在椅子上，注意力不集中无疑是对演讲者的一种不敬，但是演讲者可以通过自嘲、幽默的方式来表示出对听众的期望。最直接的一个方法就是直接告诉听众：“请大家坐直身板抬起头来，我现在要讲一个对我们工作和学习很有用的知识点。”“我从大家的坐姿上看到了大家对我发言的一种抗议。好吧，现在我们来点好玩儿的。”通过和听众直接交流，你会很快收到来自听众的积极反馈。那时，你会发现，原来听众是很听话、很善解人意的。

> 孩子在承认自己的错误时会压低下巴，但是成人压低下巴的动作并不是因为犯错而产生了愧疚心理，而是因为他对面前的人或事产生了否定和批判的态度。

攻击的前奏曲：合掌伸指

在 2008 年奥运会的篮球赛决赛中，NBA 球星科比在最后一节的关键时刻投中了关键 3 分，还造成对方犯规，成功获得 4 分，全场一片沸腾，球迷发疯般地为科比欢呼，但科比很平静地伸出右手的食指，然后放到嘴边做出“嘘”的动作。这个合掌伸指的动作成为球迷脑海中抹之不去的经典动作，让科比显出了一种舍我其谁的王者霸气，有很多球迷甚至将这个手指解释为科比“争做第一”的宣言。

科比伸出食指，这是争做第一的信号吗？

但是，同样的合掌伸指动作，如果不是在这样的情境下由这样的超级明星做出的，它的表意就会完全不同。你在和别人交谈时，如果你做出一个合掌伸指的动作，即使加上俏皮的“嘘”的动作，可能也会引起别人的反感，这是为什么呢？现在就让我们来解密其中的深意。

伸出的食指，命令味道十足

当我们将手掌紧握，伸出食指指向一个地方时，这唯一一个突伸的手指好像凝聚了整个手掌的全部力量，变得极具命令意味。如果你将手指指向某人，他马上就会感觉到你的指示力量，伸出的手指背后的潜台词是：“立刻照做，不然你试试看。”

据说，大多数灵长类动物在要进攻时，总会先做出伸出手指的姿势，然后伴随着挥拳、举臂的动作，这些动物会向它们的敌人发起进攻。同样地，对于人类而言，合掌伸指的动作也是发起攻击的前奏。

例如，当一个巡警看到一个非法摆摊的小贩在他管辖的范围内做生意时，巡警总会一边伸着食指指向小贩，一边冲上前去要抓住小贩。这里，显然巡警的伸指动作是在给小贩一个警告和预报：“我马上要惩治你。”这时小贩如果想避免直接冲突，就应该溜之大吉。

合掌伸指引发的负面效应

在一个实验中，三组演讲者被要求在演讲的过程中分别做出手心向上、手心向下、合掌伸指的手势，结果最后这三组演讲者的支持率分别为84%、52%、28%，而且在演讲者频频出现合掌伸指动作时，有好多听众在中途直接退场了。由此可见，合掌伸指动作有着非常恶劣的影响。

如果一个人在演讲或者发表观点的过程中不时做出合掌伸指的手势，不光他本人会招来别人反感，他的演讲的影响力也会大大减弱，很多情况下听众甚至根本不记得他的演讲内容。因为，当他做出这个手势时，听众会觉得他在命令和指示自己，这会让听众从心理上和演讲者之间产生一种隔阂，无疑会大大影响演讲效果。所以，除非你是一个非常有权威的人物，否则在演讲或者日常和别人的交谈中，千万不要做出合掌伸指的动作。

将伸指动作改成“OK”手势

“OK”手势是将原本伸直的食指弯曲，顶住大拇指指尖，其他三个手指自然伸开。“OK”手势代表了积极乐观的意思，和你交谈的对方在看到你这个手势时会被你的热情乐观的情绪所感染。

有些人可能会说，我并没有命令或指示别人的意思，我只是习惯了这个动作。要是你有这种习惯，从现在起，改变它！而改变的办法就是找出其他手势来替代它，如用表示“OK”的手势来替代。

“OK”手势是将原本伸直的食指弯曲，顶住大拇指指尖，其他三个手指自然伸开。“OK”手势代表了积极乐观的意思，和你交谈的对方在看到你这个手势时会被你的乐观情绪所感染。如果你使用“OK”手势一段时间之后，你会发现原来暗中紧张的人际交往氛围得到了缓解，别人对你的态度也大大改观了。改良后的手势非但不会降低你的权威性，反而会让别人发现你身上温和亲切的一面。

如果领导在发言过程中不时做出“OK”手势，员工就会觉得领导非常谦和、非常人性化，他好像在随时征求员工的意见：“这样OK吗？”而且这个手势也会缓解沉闷的会议给员工的压力，让整个氛围轻松起来。反之，如果领导在发表意见的过程中不时合掌伸指指向上方或指向员工，员工就会对领导有一种“咄咄逼人”或“以权压人”的印象，这时，传递给员工的信息和话语不会受到他们的重视，因为这个会让人产生反感的手势已经把听众的注意力从对事的考虑转移到对发言者的评价上了。

当我们将手掌紧握，伸出食指指向一个地方时，这唯一一个伸出的手指好像凝聚了整个手掌的全部力量，变得极具命令意味。

抗争即将开始：起跑者的姿势

在我们和别人交谈时，如果我们喜欢对方，我们就会不由自主地将身体转向他；如果不喜欢甚至反感这个人，那很有可能在这个人说话时，我们只是礼貌性地欠一下身子或转头看他一眼，有些感情外露的人甚至连这些礼貌性的动作都不愿做，直接做好离开的准备。

准备逃跑的姿势

当对方身体前倾，双手分别放在两个膝盖上，或者身体前倾的同时两只手抓住椅子的侧面，就像在短跑比赛中等待起跑的运动员一样，这时，对方的肢体语言传达出的意思是对方准备起身离开。

销售人员张明说："我最害怕看到客户准备起跑的姿势。当他们将双手放在椅背上，甚至一只脚朝向门的方向时，我就知道这单生意要泡汤了。"

因此，当你和别人交谈时，如果发现对方做出了准备逃跑的姿势，你必须当机立断采用新策略，从另一个角度引导他们对你的话题产生兴趣。如果你继续用原来的基调进行目前的话题，那不如立刻结束你们的谈话来得干脆些。

你可以直接询问对方："你是不是有什么急事啊？"对方如果真有什么急事，你应当主动提议让对方先去处理急事，并且约定下次见面时间；如果对方说没什么急事，你刚才的提问正好提醒对方你已经发现了他准备逃跑的信号，这样对方也可以收敛一些，将注意力转移到你们的交谈中来。

对方手的温度降低，他想逃跑

在美剧《别对我撒谎》中，有一集是莱特曼博士被邀请去侦破一起谋杀女教师的案件。莱特曼博士经过调查，发现这个学校的校长有很大的嫌疑，莱特曼博士对其进行一番询问后，看似毫无结果地要离开。于是莱特曼博士上前跟校长握手告别，这次握手持续了将近 15 秒，而莱特曼博士从校长的手的温度上判断出他的嫌疑非常大。

在一个人内心产生恐惧或焦虑情绪时，他会想离开现场，这时，他的血液会急速向腿部转移，因此，他的手的温度会下降。而莱特曼博士在见面和离开时和校长握了两次手，从他手上温度的差异，莱特曼博士判断出校长是主要嫌疑人，因为他在审问环节中不时透露出撒谎的痕迹。在这种情况下，他非常想逃离这个让他压抑不安的环境，因而他的手温便下降了。

当然，通过手的温度判断是否想逃跑会有很多弊端，例如，你必须记住初次见面时对方手的温度，而且如果没有明显的温度差异，你的判断可能就带有一定的主观性。此外，你需要像《别对我撒谎》中的莱特曼博士一样和对方握手时间较长才能有比较正确的判断。但是在日常交往中，紧紧握住一个人的手持续较长时间是不礼貌的表现。因此，除非是在实验或者诊断案件时，日常交往中我们不推荐大家使用这种方法来解密对方的肢体语言。

按住膝盖：站起的辅助动作

除了前面介绍的几个准备逃跑的姿势，还有一些腿部动作，同样表明一个人想要离开当前位置的意图，如坐着时用双手摁住膝盖的动作。这时，动作者将重心放在了膝盖以下部分，是一个反映对方意图的迹象，说明对方想要起身离开了。他已经下意识地做好了起身的辅助动作——摁住膝盖，因为摁住膝盖的动作可以使起立更容易。想想我们平时的习惯，我们在准备起立时，总会下意识地扶一下桌子、椅子或自己的膝盖。

因此，当你注意到你的交谈对象做出这个动作，特别是你的上司做出这个动作，你要明白，是时候结束自己的谈话了，此时的拖延大多会带来消极的结果。

> 当一个人身体微微前倾，手摁住膝盖或者抓住旁边的桌椅，重心落在腿部时，不用询问对方的意见，他准备起跑的姿势已经明确地告诉你：他的抗争即将开始！

利用眼镜来拖延抗争

人们常常借助身体外的工具，如身上的佩戴物，来做出某些能够揭示自己内心想法的手势，这其中一个重要的工具就是眼镜。当你面对一个佩戴眼镜的人，注意观察他鼻梁上或手中的眼镜，有些动作正在透露着拖延或者否定的信号！

人们怎样利用眼镜来拖延时间

眼镜被人们架在鼻梁上时，它给人增添了几分书生气，而当眼镜被摘下来拿在手里时，它又是一个用以拖延时间的“法宝”！

在人无法很快做出决定或答复时，他常常会利用眼镜来拖延时间。例如，我们经常见到这样一个场景：当一个人必须做出决定时，他往往会做出咬眼镜腿的动作。我们前面已经说过，将某个东西，如手指、烟、笔等放在唇间或嘴里是人们缺乏安全感的体现，是企图再次体验婴孩时期吮吸母亲乳头的那种安全感。将眼镜腿咬在唇间，跟人们叼着烟的行为一样，是用来拖延做决定的时间的。这个动作一般是一边咬着眼镜腿，一边定住目光思考着什么。这时，尽量不要打断对方，给他一定的思考时间，在大约两分钟后询问对方有何决定。

将眼镜腿咬在唇间或者擦拭眼镜，跟人们叼着烟的行为一样，是用来拖延做决定的时间的。

另一个利用眼镜拖延的动作是频繁地摘下眼镜擦拭它，这也是争取时间的一个动作。当这个动作发生时，应对策略跟前面一样，可以暂时沉默，随后询问对方决定。

眼镜离手：否定的预警

如果一个人在擦拭完眼镜后重新将眼镜戴上，而且还拿起了桌上的相关材料，这就说明对方想继续查看一下细节，考虑如何妥帖地做出答复。例如，一个面试官在听完一个面试者的自我介绍之后，重新戴上眼镜，拿起了这个本没有进入复试的面试者的简历，这说明面试官要重新考虑一下该面试者是否符合公司要求。

如果一个人把眼镜折叠起来把它放在一边，同时还可能将后背靠在椅子上，这时，他想告诉你的是，他想结束谈话了。此时你进一步的辩解也只能是隔靴搔痒了。

如果一个人把眼镜折叠起来直接扔在旁边的桌子上，这扔的动作直接反映出对方的焦虑和不悦情绪。此时，他要发表的肯定是否定的意见，你要做好为自己做辩护的准备。例如，领导在看完你的策划案之后，摘下眼镜往旁边一扔，此时，有经验的职场人士大多会心中一惊：完了，要挨批了。

从眼镜上方看人：给人紧迫感的审视目光

在一些早期的西方电影中，从眼镜上方窥视的动作常被用来刻画那些尖刻的或者审慎的公立学校女老师或者苛刻的教皇形象。当一个有新思想的学生或者教徒出现在他们面前时，他们总是从自己的工作中抽出身来，从掉到鼻尖处的老花镜上方用可怕的目光审视着他，面无表情。这些目光常常让那些淳朴的学生和电视机前的观众不寒而栗，因为这是一种给人压迫感的目光。

如果一个人是眼镜一族，他在你发表完意见后，抬起头放下手中的笔，从眼镜上方看着你，那么可以肯定的是，他并不十分认可你的观点，因为这个典型的审视目光中充满了怀疑和否定意味。

这时，如果你是发言者，你可以直接询问对方是否有问题，然后就具体问题进行讨论。如果你是眼镜一族，要尽量避免用这种眼光看人，因为这种审视目光给人一种胁迫的感觉，会让别人非常不舒服。

> 我们常常会看见一些眼镜佩戴者将眼镜腿咬在嘴里，这个动作跟叼支烟和咬支笔的意思一样，都是此人表示对安全感的一种渴望。

仔细观察他的身体是弓着的还是挺直的

在我国古代，大臣在向皇帝汇报完工作后离开时，总会弓着身子，然后倒退着离开房间，这种动作体现的是一种对权力的敬畏，大臣的这一动作是要让这里地位最高的人——皇帝，知道他明确的立场——他对皇帝非常忠心。弓着或挺直身体是长久以来我们用以体现上下级关系的一种方法，我们要学会读解其传达的微妙信号。

弓着身体：恭顺的表现

试着辨识一下下面几种情境中弓身代表了什么意思。

情境1：一个人仰着头从一幢楼里走了出来，后面跟着一个人低着头，弓着身，满脸堆笑，手里提着一些礼品，带着求饶的语气说："您别嫌少，您就收下吧。"

做出弓身动作的人，他们的身体语言是不同的。这张图显示的是正规的鞠躬姿势：身体向前弯曲90度。

情境2：一个人见到长辈时，站在原地，恭恭敬敬地鞠了一个标准的九十度躬。

情境3：在一个宴会上，大家团团围住一个人，嘴里都发出啧啧的赞叹声，"太了不起了""你的经历太传奇了"……被团团围住的人微微低头，欠着身向大家微笑着。

显然，在这三种情境中，三个做出弓身动作的人，他们的身体语言是不同的。第一个人很显然是为了求人办事或拉关系，表现出的是奉承之意；第二个鞠躬者是为了表现对比自己地位高、年纪长的人的尊敬；第三个人处于一种优胜者的姿态，他做出弓身的动作表现了他受到表扬时的一种谦逊。

现如今，为了使企业文化更具竞争力，一些日本公司将"鞠躬法则"引入公司的管理机制中。一般来说，面对只是看一看产品的顾客，15度的鞠躬就足够了；面对产品的购买者，合适的鞠躬角度应当为45度；而对于那些一定程度上决定公司发展的重要客户，员工需要做出90度的鞠躬姿势来显示对客户的尊重。

三个情境，三种不同的弓身，都包含了恭顺的意味，都表明对要巴结的人、要尊敬的人、要感谢的人的恭顺之意。后两种弓身的动作是我们倡导的，第一种是我们不倡导甚至鄙视的。

挺直躯干：顶天立地的期望

当人们直起腰板、挺起胸膛、昂起脑袋时，毫无疑问这是一种表示自信、高人一等的姿态。因为这样的动作可以让别人觉得自己非常高大，产生认同感。

在一个重要会议上，领导进场时抬头挺胸，腰板挺直。即使上了年纪的领导，也会尽力挺直腰身并向听众挥手示意，这在一定意义上是为了弥补他因为年纪而收缩了的那几厘米身高，他这样做的目的都是为了使自己看起来高大威猛，从而满足他内心深处顶天立地的期望。

在古代西方，男人不喜欢下跪。女士在遇到比自己高贵的皇室人员时，总会行屈膝礼，而男士却只摘下自己的礼帽，微微点点头。从这个动作我们可以发现，男人的权欲更旺盛，所以他们顶天立地的期望也就更强烈，一般不喜欢向他人下跪或者屈身行礼，这也是男尊女卑的一种体现。

如何让自己成为“大人物”

实践告诉我们，即使挺直身体，不同身高的人彰显出的力量也是不同的。高个子的人挺直腰板更能让人感觉到他的权威性。观察发现，在一个讨论会上，个子越矮的人被其他人打断的可能性越大。

一个身高一米五、一家大型会计师事务所的高级经理张女士曾经抱怨说：“我去参加一些重要会议，在发言时总是被打断，我几乎从来没有一口气将我的观点陈述完过。”

面对这种情况，假如你不是一个真正的“大人物”，你该怎么办呢？

首先，在正式开始发言前，先走向旁边，假装倒茶或者倒咖啡，或者上厕所。这时，别人都是坐着的，站着的人会引起别人的注意。在回来时，不要坐下，直接开始发表自己的意见。

其次，一旦开始发表意见，就不要急于放弃。例如，在发言时不要急着坐下，而是继续保持站立的姿态，直到观点陈述完毕。

最后，升高自己的音量。个子不可能瞬间长起来，但是你的音量却是可以控制的，展现权威性的另一个重要手段就是洪亮的声音。升高音量，即使你个子很矮，也能引起别人的注意。

> “卑躬屈膝”描绘的是一种低头弯腰下跪的形象，形容一个人没有骨气，低声下气。因此，一个人是否有自信、有气节，就要看他是否挺直躯干。

注意到了吗：他在摘去“不存在”的绒毛

当我们跟家人和朋友轻松自如地聊天时，我们常常直言以对，即使说出什么反对的话也不用担心他们反感。当我们和别人谈话时有说谎迹象或者担心被别人发现自己有相反意见时，我们总会显得不自然，而其中一个不自然的动作就是用手去摘我们身上那些“不存在”的绒毛。

表示反对的小动作

苏菲和客户握手道别并约好下次见面的时间，转身又回到餐厅。她兴高采烈地走到刚才坐在隐蔽处观察的张经理面前，一脸得意地问张经理：“张经理，我刚才的表现怎么样？”苏菲刚才一直侃侃而谈，她相信就凭自己把客户侃晕的本事一定能赢得眼前自己的师傅——销售部销售冠军张经理的赞赏。

结果出乎意料，张经理轻叹了一口气说：“苏菲，你的口才是很好，但是你至少应该在别人表示反对的时候停顿一下，让人家发表一下看法。”苏菲吃了一惊：“他没有否定我的意见啊。”张经理问：“那我怎么看见人家一直在不停地抓自己衣服上的毛毛呢？真的是因为人家的衣服质量差，起了毛球吗？”一句话让苏菲愣在原地。

原来，在苏菲和客户的交谈过程中，自从苏菲提出自认为对对方非常有利的方案后，客户就开始频频做出摘掉自己衣服上绒毛的动作。而且时不时地转动着桌子上的水杯，而苏菲对此毫无察觉。

当一个人对对方的观点表示不认同时，他有可能直接表示反驳，但更多的时候，对方认为没必要提出反驳意见造成双方不愉快，他就会选择不表达反对意见，但是他内心的否定情绪会通过他的一些小动作表现出来，例如，摘去身上并不存在的绒毛，转动手中的杯子或笔，捋自己的头发等。这些人低垂着头看似漫不经心地做着自己的小动作，其实这些小动作却在告诉你："说什么呢？搞笑，这怎么可能！"

即使对方抬起头看着你点点头，或者口中说着"嗯……对……好……"但是只要他那些小动作不断，你就可以断定对方内心深处并不是真心赞同你的。

怎样制止对方的小动作

苏菲听了张经理的一番分析，这才恍然大悟，原来在和人交往中，需要注意的不光是对方的语言和点头摇头这些明显的肢体动作，更要注意对方的一些看似自然的小动作透露出来的微妙信息。苏菲忙问张经理："那我该怎样应对他的这些小动作呢？"张经理斩钉截铁地说了两个字："制止！"

要制止对方的小动作，并不是直接抓住对方不停乱动的手脚，也不能直接告诉对方不要乱动。比较明智的做法是用一些巧妙的技巧来制止对方。例如，你面带微笑，友善地询问对方："你有什么看法吗？"对方可能刚开始会含蓄地说没有，这时你可以微笑着带着玩笑的口吻说："我怎么感觉你有不同意见呢？没关系，争论才能出新点子啊。"然后你可以舒展自己的身体，让对方看到你舒适信任的姿态，如将后背靠在椅子上，或者双臂打开表现出开放姿态等。

有时候当你在讲述某个观点时，对方小动作不断，很有可能是他有倾听不专心的毛病，如果你询问他的意见，他确实不知如何回答，那么可以断定他根本没有在认真听。假如你在演讲时遇到这种情况，可以直接这样叫他回答问题：“那位穿蓝衣服玩笔的男士，请你来回答一下我的问题。”或者你可以提示听众把某些重点记下来，这些手段可能都可以使对方的注意力再回到你的话题上来。假如你和别人是一对一交流，对方倾听的态度不端正，你可以转移话题，先和对方聊他感兴趣的东西，等交谈氛围比较融洽时再来讨论刚才的问题。

该如何处置自己的小动作

既然你可以通过别人的小动作觉察出对方否定的意思，或者推断出对方在说谎，那么，你在跟别人聊天时，如果你对对方的意见不认可，注意，你的小动作也会不由自主地流露出来，你要管理好你的小动作。

如果你不想让对方发现你的反对倾向，你就要牢牢管制住自己的小动作，别轻易抓自己身上不存在的绒毛，也不要玩手中的杯子或笔，而要眼睛盯着对方尽可能积极有效地与其进行互动。

如果你不好意思直接说出自己的反对意见，而你又想让对方知道你反对的立场，你可以将这些表示反对的小动作做得明显一些，这样对方自然会主动询问你的意见，给你发表意见的机会。

> 当一个人做出摘除自己身上不存在的绒毛或者擦拭杯子上不存在的污渍等小动作时，他的动作传达的意思是他并不赞同对方的观点。

总　结

要想知道对方的立场和态度，就要学会观察对方的微表情，识别对方的小动作。在第 3 章中，我们讲了很多通过肢体语言判定对方是妥协还是抗争的方法。这里，让我们一起再来回顾一下，等下次需要提前觉察对方的观点和立场时，用以下这些方法就可以了。

1. 跷起“4”字腿时，这个人的意见通常不会改变，他的内心十分顽固。

2. 一个人向上喷吐烟圈，说明他此刻心情积极乐观，非常自信；一个人的烟圈方向向下，则说明他此刻对周围环境或者正在经历的事抱有的态度是消极的、悲观的、不确定的；一个人还没抽完烟却在中途掐灭了烟头，说明他想结束当前的谈话。

3. 一个人在说话时将手放在桌面上，手心向上，说明他此刻是善意和真诚的。

4. 双手叉腰的姿势是准备进攻的前奏。

5. 低头耸肩动作是自卑者的专利动作，只有内心缺乏自信的人才会下意识地做出这个动作。

6. 习惯将双腿交缠在一起的人，往往是那些瘦弱的女性，她们用这个动作表达她们的顺从之意。

7. 一个人在表达观点前做出了低头压低下巴的动作，说明他即将给出否定的意见。

8. 合掌伸指动作的全部焦点都凝聚在伸出的食指上，这是一个命令味十足的动作。

9. 当一个人将眼镜摘下，扔到旁边的桌子上时，注意，他将要做出否定的回答。

10. 弓着身是恭顺的表现，挺直身躯是自信的展示。

11. 一个人在摘去身上并不存在的绒毛时，他其实是想掩盖自己反对的内心。

第 4 章

继续下去还是适时停止

相信很多人都看过《大话西游》，都记得里面那个啰唆的唐僧吧，他能絮絮叨叨地让他身边的小妖们上吊自尽，能喋喋不休地让孙悟空忍无可忍。可是即便这样，他还是没有发现自己的言辞多么令人反感，仍然喋喋不休地发表着自己的观点。

在职场和生活中，我们千万不能成为《大话西游》中的唐僧那样啰唆的人，我们要学会掌控自己的言行，要在该结束话题的时候适可而止，不要引起别人的厌烦。那么什么时候该继续发言，什么时候该适时停止呢？这需要我们学会识别对方表达喜爱与厌恶的肢体语言，根据不同意味的动作迅速做出反应！

注意他皱起的眉头

皱眉动作：他此刻很焦虑不安！

当我们还是孩童时，我们总有无数美好期待。我们总希望父母能答应给我们买新玩具，能答应给我们买新文具，能答应我们去小伙伴家里过夜……当我们在提这些要求时，我们总是看着家长的表情，如果父母的眉头微微皱起，我们的声音就会越来越小，最后飞快地离开现场；如果父母和善地看着我们，我们就会大声地将自己的要求再重复一遍。由此看来，当我们还是孩童时，我们就明白了皱起的眉头代表的意思，那就是反对、焦虑、不悦！

马琳缘何皱起眉头

马琳是继孔令辉和刘国梁之后我国乒乓球界的主力，曾在雅典奥运会和北京奥运会上夺得过金牌。作为一名老将，马琳的退役问题一直是媒体关注的。在 2009 年中国乒乓球公开赛上，马琳以 3 比 4 输给王励勤。在这个关口，记者在采访时又问起马琳的退役问题，马琳皱起眉头，不悦地反问记者道：“你觉得波尔大吗？波尔是老将还是小将，是要退役了吗？波尔才比我小 1 岁，既然他还能打，为什么我就应该退役？”（波尔系德国著名乒乓球运动员，是乒乓球界的常胜将军。）

马琳在听到记者再次提起他的退役问题时皱起眉头，这个皱起眉头的动作表达了三个意思：首先，退役问题又被旧话重提，马琳表示出了对这个问题的不耐烦，而这种不耐烦的心情驱使他的眉头由舒展到锁起；第二，记者在马琳刚刚输了比赛之际问这个问题，有对马琳能力的怀疑，这让马琳很生气，他皱起眉头的动作也表达出了生气和不悦；第三，马琳认为，和他年龄相仿的乒乓球界的老大哥波尔还斗志旺盛，而他却因为年龄被质疑，这让他很苦恼。

由此可见，当一个人因为对方的言辞而皱起眉头时，大多是因为不耐烦、不悦、苦恼、焦虑等情绪所致，他皱起眉头的动作具体代表了哪种情绪，应当根据具体情况确定。例如，一个排队买早点的上班族看了一眼前面的长队后皱起了眉头，这便是因为焦虑情绪所致。害怕迟到的焦虑情绪使得他看到长队后不由自主地皱起了眉头。

当你的交谈对象出现皱眉头的动作时，可以通过交谈情境来推断对方皱眉头是缘何而起的。如果是因为对方和你的意见看法有冲突，你要尽快转移话题，千万不要继续追问或喋喋不休，否则可能会激发对方更强烈的厌烦情绪，造成无法收拾的正面冲突局面。

陷入思考时人们喜欢皱眉头

如果我们坐在一个安静的咖啡厅里，偷偷观察周围的人，我们通常会发现这样的人：他看着自己手中的书或者面前的电脑，皱着眉头。男士在皱着眉头的时候常常嘴里还叼着一支烟，而女士在皱了一会儿眉头之后可能会托住自己的下巴。很显然，这时，皱起眉头是因为他正在专注地思考着问题。

人在思考问题时，皱起眉头是因为他此刻的注意力非常专注。如果在交谈过程中，你提到的一个问题让对方皱起眉头，而你经过观察发现对方并非因为不悦、焦虑、厌烦等消极情绪所致，说明此刻对方正在思考你提出的问题，并且可能在思考之后给出他的意见。这时，你正确的做法应当是积极引导对方在思考的过程中和你继续交流，而不是让你们的谈话出现空当。这时，你可以询问对方：“你是怎么想的呢？”“你同意我的看法吗？”同时，你应该积极引导对方说出自己目前尚不成熟的想法：“没关系，你先说出来我们讨论一下。”注意，带有意见倾向但是尚不成熟的观点，比起那些成熟的观点要好应付得多。

身体不舒服还是心里不舒服

当然，皱起眉头不一定都是因为某种情绪造成的，人在身体不舒服时也会因为生理反应而出现皱眉头、面部扭曲的表情。

某次，王刚在和一个女士谈生意，谈的过程一直很顺利，两人积极互动。可是后来，对面的女士突然身体前倾了一下，微微皱起眉头。王刚想起看过的一本解析肢体语言的书中讲到过，皱起眉头往往表示对方有不悦、焦虑情绪。想到这王刚有些不知所措，他不知道自己说错了哪句话，于是问：“你是不是不同意我的观点？有什么不同意的请你说出来。”对面的女士听了王刚的话非常茫然。

不久后的某天，同事张强提醒王刚说：“下次和李总（前面那个皱眉头的女士）吃饭时不要点辣的，上次吃了辣的人家胃炎都犯了。”王刚这才恍然大悟，原来当时那位女士皱眉头的动作只是因为身体不适，而他却没有看出来，只凭一个皱眉头的动作就妄加主观判断。

> 当人感到焦虑和不悦时，常常会皱起眉头，但是有时人皱起眉头并不一定是因为某种情绪，很可能是一种疼痛或者不舒服的生理反应。

轻抬眉毛的暗语

抬眉毛的动作是人类与其他灵长类动物都会做的动作，这个动作的最初目的是为了增强眼力。因为人抬高眉毛和睁大眼睛的动作是同步的，当人睁大眼睛时，能看到的范围也就骤然扩大了，所以，在人想看得更清楚时，会下意识地抬起眉毛。对猴子来说，当它扬起眉毛时，还有一个重要原因是它受到了惊吓，急于快速离开它惧怕的东西或遭遇。对于动物来说，抬眉毛都有几种意思，那么，对于惯用肢体语言的人类来说，其代表的暗语肯定有很多种，现在就让我们一起来破解对方抬起眉毛的秘密，并且找出好的应对方法吧！

轻抬眉毛 = 你好！

从很早开始，人们在遇见熟人时，打招呼的方式就有很多种，除了常见的招手动作，还有一个常见的动作就是微笑着看着对方，向对方轻轻抬一下自己的眉毛。

当两个人所处距离能看到对方的脸部动作，但是还没达到可以轻松握手的程度时，轻抬眉毛是很好的打招呼的方式。例如，你经过公司另一个部门的门口，里面有个同事正好看着你，你可以轻抬眉毛向对方打个招呼。

人的这个动作是天生的，轻轻抬一下眉毛，然后回到原位，在对方看来就相当于向自己眨一下眼睛。这个动作其实是动作发出者想把别人的注意力吸引到自己脸上，让对方明白他正在问好。这时，通常对方也会快速地抬一下眉毛或者轻轻点一下头以示回应。

但是我们要注意的是，这个动作在某些国家可能有完全不同的意思。例如，在日本，这个动作可能会被认为粗鲁不礼貌，或被视为不正经的人向异性发出的性暗示。

表示肯定的眉毛运动

现在我们假设这样一种情境，我们一起来判断这里轻抬眉毛的动作代表什么意思。

你是一家报社的新进职员，你拿了自己写的一篇评论让报社的“一支笔”王辉给你把把关。王辉看完你的文章，抬头看着你向你轻抬一下眉毛。

很显然，在这样的情境下，根据对方抬起的眉毛和伴随的其他脸部表情，我们知道这篇文章受到了肯定。这个动作跟惊讶、害羞等情绪有关，这个情境下主要传达的是惊讶的情绪。这篇文章让写作高手有些出乎意料，所以他会做出轻抬眉毛的动作，这个动作的暗语是“不错，很厉害”。

假如你在一个社交场合见到了一个平时只能在电视上或者网络上见到的名人，你会下意识地轻抬眉毛，这时轻抬眉毛的动作也是表示对此人的肯定。此时轻抬眉毛的暗语是“我对你十分敬仰”“见到你真让我又惊又喜”“我非常喜欢你”。我们绝对不会对陌生人做出轻抬眉毛的动作，除非他是一个外表极其出众、一下子抓住你眼球的异性。

如果你在和别人刚见面，或者你和别人交换了重要意见之后，对方并没有做出轻抬眉毛的动作，那么可以肯定对方并不认可你或者赞同你的观点，甚至还存在挑衅的态度。这时，你一定要做好心理准备，以便用出色的表现让对方抬起他的眉毛，对你刮目相看。

抬起的眉毛中暗含着雀跃情绪

在美剧《别对我撒谎》的一个案件中，莱特曼博士审问一个罪犯作案地点在哪儿。莱特曼试探性地说了一个地名，接着又说了另一个，随后莱特曼博士站起来命令调查人员去搜查第二个地点，果真从第二个地点搜出了炸药。莱特曼博士是怎么判断出正确信息的呢？其实他只是抓住了罪犯的眉毛动作。

当莱特曼说“是 ×× 教堂吧”，罪犯没有反应，但是他的眉毛和嘴角轻轻上扬了一下，说明他心中窃喜没有说到正确的地点；而说到第二个地点时，他的情绪有点激动，说明这个地点对他很重要。

> 当一个人有什么高兴或者得意的事情时，他的眉毛会微微扬起。判断对方的情绪反应，捕捉他眉毛里的暗语，不失为一个快捷又有效的方法。

飘忽的眼神，飘忽的心

在公司会议上，老板看见员工望向窗外或者看向别处时，总会这样说：“有些人人在这儿，心早不知道跑到什么地方去了。”随后老板可能会苦口婆心地说一番认真倾听的重要性。如果当时你是其中的一个，你可能会在心里惊呼：“天呐，他怎么看出我在神游？”其实，要看出一个人处于飘忽不定的状态很容易，只要看他的眼神是否在飘忽不定。

心比眼神跑得更远

回想一下我们上学时的情景。我们坐在课堂上听着枯燥的数学课，不一会儿我们的目光就从黑板上移开转向外面操场上正在打球的同学身上，此时，我们的目光泄露了我们的期望，我们非常想成为操场上的一员。这时，我们的眼神离开了课堂，飞向了操场，同时我们的心也早已不在课堂上，而且我们的心可能飞向了记忆中或幻想中一切跟玩耍有关的场景。

因此，如果你面前坐着的人开始东张西望，目光不停地离开你们的目光交流范围，不要以为对方的注意力还在你们的谈话当中，对方的心可能比眼神跑得更远。

试想当你和一个人讨论某一话题时，如果对方的谈话让你产生厌倦的感觉，你相应地会对面前的人产生厌烦情绪，这时，你会本能地想要看别的地方，你的目光寻找的是可以摆脱目前状况的路径或者目标。你可能会寻找到某一个让你感兴趣的人（物），然后不停地关注此人（物）；也有可能看向有人进进出出的门，或者街上自由行走的行人，潜意识里为自己寻找出路，准备随时逃跑。

这时，如果你是那个眼神游离的人，一定要在意识到你注意力不集中的那一刻把自己拉回来，不要让对方感受到你想逃离现场的渴望，否则会引起对方的不快。这时，你应当更加专注地看着对方，看着对方的眼睛或者嘴，做出认真倾听的样子，不停地点点头或者做出吃惊表情来呼应对方。

如何将交谈对象的目光拉回来

假如在日常交往中，你遇上了眼神飘忽的人，你该怎么办呢？当下停止交谈，还是想办法将你对面的人的目光拉回来，让他进入你们的交流情境中呢？显然，前一种做法是不理智的举动，可能会造成两人僵持。作为一个成熟的职场人士，你应该学会控制自己和别人的交谈过程，在对方注意力不集中时，使用一定的技巧将对方的注意力拉回来。

“有什么有趣的事吗？”

当对方在和你交谈过程中不停地把眼神投向别处时，你可以直接以开玩笑的语气询问对方：“有什么有趣的事吗？”“咦，你在看什么？我也看看。”这时对方会发现他注意力不集中的状态已经影响了你的谈话，这样他可能会产生愧疚情绪，接下来他会收敛一些，将注意力转移到你们的话题上。

“听说你喜欢×××”。

如果对方是长辈或者上司，前面那种提醒便不太合适。此时，为了避免这次交流完全失败，你应该及时转移你们的话题，通过谈论对方感兴趣的事把对方的注意力拉回来。

有一次，Lily和一个同行的老前辈吃饭。吃饭过程中，Lily不停地说着她毕业后这两年的职场经历，后来Lily发现面前的前辈不停地看向旁边正在吃饭的一家人，还对两个可爱的小孩微笑。Lily停住了自己的话题，转而问前辈：“您的孩子已经挺大了吧？”前辈突然饶有兴趣地回到和Lily的交谈情境中：“我都当奶奶了，我女儿生了一对双胞胎。”Lily惊呼：“不像啊，您看起来还很年轻呢！”这句话让前辈非常开心，接下来，Lily听前辈饶有兴趣地说着她的小孙子及她的育儿心经，交谈气氛变得非常融洽。最后，前辈推心置腹地给Lily讲了一些行业经验，还将她推荐给了一个更好的单位。

Lily拉回了前辈的注意力，赢得了她的好感，还获得了她的指导和帮助，这些只是因为巧妙地转移了话题。将对方感觉乏味的话题暂时搁置，先转到对方感兴趣的方面，通过谈论对方的兴趣点拉近和对方的心理距离，最后在双方感情拉近时，再回到自己感兴趣的话题上来。

> 当一个人的眼神开始飘忽不定时，他的心一定飞得更远。要想拉回对方飘忽的心，就要灵活巧妙地运用我们前面讲到的那些有用的技巧！

脚尖方向，心之所向

当我们喜欢某个人时，我们会不由自主地将身体转向他的方向；而当我们反感某个人时，我们会下意识扭转我们的身体，背对着他。一个人也许不会直接说出对对面交谈者的看法，但是他的身体和脚尖的方向会泄露他内心的真实想法！

人们喜欢把脚尖朝向喜欢的人

中午休息时，王月走过隔壁办公室，几个同事正围坐一圈聊得起劲，欢声笑语不断。王月想插入一起聊天，于是主动向他们打招呼：“聊什么，聊得这么开心？”这时，王月收到的反馈可能有两种，不同的反馈代表不同的意思。

第一种是积极的情形。大家都将身体转向王月并给她回应，甚至有一两个人转动座椅，将脚尖和身体朝向王月说：“刚才 ×× 给我们讲了一个笑话……”这时，可以判断这几个人对王月是友善的，他们欢迎王月加入他们的交谈。因为当人们喜欢一个人时，他们总会不由自主地将身体和脚尖转向这个人来表示对这个人的欢迎和喜爱。

第二种是不乐观的情形。正在交谈的几个人停住笑声，只有一两个人转动头对王月说：“没什么。”随后继续回头聊天。在这一两个人给王月反馈时，他们的身体和脚尖没有发生任何移动，这说明他们并不愿意王月加入他们的谈话。

将脚尖（通常还有躯干）朝向喜欢的人是人类无法掩饰的内心表达。当几个男女站着聊天时，你往往可以通过观察他们脚尖的指向来判断谁对谁感兴趣。一般男士的表现比女士明显，一个男士在谈话时将脚尖指向某个女士，而且和这个女士的眼神交流也比其他人多，那么可以说明这个男士对这个女士感兴趣。如果几个正在交谈的人当中，只有一个女士，其他都是男士，我们会有趣地发现几个男士的脚尖都指向这个女士。

转动脚尖：要离开的信号

在交谈过程中，如果一个人突然将脚移开并将脚尖指向座位的外侧，说明这个人想要离开了，而他想要离去的方向正是他脚尖的指向。

假设这样一个情境：在一个社交活动中，你一直想认识的两个日用品行业的老总正在一起聊天，你主动打招呼并加入了他们的谈话。交谈了没几句之后，其中一个人对你说："很有前途的年轻人，很高兴认识你。"说这句话的同时，这两个老总都将一只脚的脚尖转向另一个方向。这个动作说明对方并不想和你继续交谈，他们想离开交谈现场。这时，千万不要抓住对方喋喋不休地继续说下去，这样会带来反效果。正确的做法是向对方要名片，然后和对方握手告别。

凡事都有例外，曾经创下销售纪录的销售经理赵元讲了一个故事，证明交谈对象在做出准备要走的姿势时，并不一定是因为对你有意见，而是有可能有其他原因。

"有一次，我和一位客户在初次见面时聊了三四个小时，我们聊得非常投机，但是后来我发现他将一只脚转向与他身体成直角的位置，看得出他的脚发出了要离开的信号。"赵元饶有兴趣地回忆着。"后来我就问对方是不是有什么事，那个客户很坦诚，说他非常抱歉，他和一个朋友约好了一会儿见面。"

由此可见，不管当事人有没有将离开的话说出口，即使他表现得若无其事，继续和你谈笑风生，但是他的脚尖转向非常诚实地告诉你：他很想留下，但是他必须离开去做另一件事。此时，我们会发现对方的脚尖转向的是朝门的方向。如果两个坐在窗户边吃饭的人，其中一个将脚尖转向朝窗户的方向，他可能只是想换一个坐姿而已，因为没有人想从窗户离开。

> 在谈话中，如果一个人将脚移开并指向一侧，说明这个人想要离开了，而他要去的地方正是脚尖指向的方向。

用手指敲击桌面代表什么

用手指轻叩桌面，这是中国茶文化里的一个礼节。在别人给你倒完茶以后用手指敲击桌面代表对对方的尊重，这个习俗因乾隆皇帝而来。

传说乾隆南下微服私访，当地知府知道了此事，获得了和皇帝在一个酒楼见面的机会。微服私访在外，乾隆不计君臣之礼，亲自给知府倒了一杯茶。知府受宠若惊，但是不便当即下跪谢主隆恩，于是知府灵机一动，弯起中指和无名指在桌面上轻叩三下，代替了三跪九叩的大礼。从此，这个习俗便流传了下来。

但是，在当今日常交往情境中，用手指敲击桌面却不是礼节了，而是可以反映对方内心情绪的一种肢体动作。在日常生活中，用手指敲击桌面的动作一般有以下三个方面的意思。

表示抗议

20 世纪初的中国，社会经历着剧烈的动荡和变革，新旧文化的冲突非常激烈。在一些学校的课堂上，一些拥护白话文创作的“新青年”在听那些老学究讲古文体写作时，整个课堂上就会出现一个非常有趣的场面：戴着厚厚玻璃眼镜的老先生在上面讲得有板有眼，可是下面的年轻人漫不经心地用手敲击着桌面。很显然，这时呈现出来的是一种新旧文化的对立与冲突，而“新青年”表示抗议的动作就是用手敲击桌面。

在我们现在熟悉的某些场合中，我们也会常常看到人们用手敲击桌面来表示对某人的反对。例如，当行政经理在公司例会上大声讲着公司的规章条例时，有人眼睛盯着某个地方，手指在桌面或大腿上不停地敲击着。很显然，发出这个动作的人对讲话者的话题已经产生了厌烦情绪，而且他并不拥护对方的观点。

因此，假如你在和别人交谈时，对方的手指开始在桌面上敲动起来，显然他对你的观点或话题产生了抵触情绪，他的心情有些急躁，他的注意力也已经开始涣散，他分配了一些注意力在他的手指上，手指敲击桌面的速度越快，说明他心里越急躁厌烦。这时，假如你换一个新的他感兴趣的话题，你会发现他马上睁大眼睛，同时停止手指敲击桌面的动作。

悠闲自得的信号

如果给出几个关键词：夏日、大榕树、老人，你肯定会在脑海里勾勒出这样一个场景：炎炎夏日，一棵大榕树下，一个老人坐在摇椅上，怀里的收音机里正放着京剧，老人一只手摇着芭蕉扇，一只手随着调子在腿上敲击着。显然，这是一个悠闲自得的老人安详的晚年生活场景。如果将场景变换到室内，其他动作不会发生改变，老人可能会将在腿上敲击的手放到旁边的桌面上，有节奏地敲击桌面。

这里我们看到，用手指敲击桌面的动作，传达出的是老人悠闲自得、沉浸于目前生活状态的意思。我们很容易判断出这个动作在此时代表的意思，因为这个动作常常还会伴随着哼唱小调、微闭眼睛等表现自在满足的肢体动作。

当然这个动作代表的这种意思并不仅仅适用于老人，任何人的悠闲自得状态都可能通过这个动作来传达。例如，当一个人在一个圆桌会议上提出一个标新立异的观点时，全场哗然，大家纷纷表示赞同，这时这个发言者通常会欠身点点头，乍一看，我们会认为这个人非常谦逊，但是他一只手在桌面上不停敲击的动作告诉我们，他此时其实非常得意。

思考时的辅助动作

在电影里，我们常常会看到这样一个场景：沉稳的男主角坐在光线昏暗的书房里思考着问题，他眉头紧锁、目光专注，同时，他的手指不停地敲击着桌面。显然，用手指敲击桌面还可以是人在思考问题时伴随的辅助动作。

需要注意的时，当一个人在思考问题时用手指敲击着桌面，敲击的力度往往是很大的，说明此人此时思考的问题让他很沉重。这时手指敲击桌面的动作是此人用以减缓压力的。

> 如果你的上司边思考边做出手指敲击桌面的动作，千万不要在此时打断他去提出一些意见，否则你可能会踩到“雷”。

头部微微倾斜的含义

玛丽莲·梦露是公认的银幕上的性感女神，更是男性心目中的梦幻情人。梦露之所以获此殊荣，是因为她的身上散发着女人魅力，特别是她的经典动作，被认为极具诱惑力。她的经典动作里面有一个是倾斜头部，脑袋转向侧面的动作。这个倾斜头部的动作可以表现出女性的顺从和妩媚，这也是梦露这么受欢迎的原因。那么，倾斜头部究竟传达给人们什么信号呢？下面我们来一一剖析。

头部倾斜的顺从之意

把头部向一侧倾斜被公认为一种顺从的表现，这是因为，当人倾斜头部时，他的脖子和喉咙往往会暴露出来，而这两个身体部位是人最重要、最脆弱、最需要保护的部位。因此，当人倾斜头部时，它表示出来的意思是非常友善。

另外，当一个人倾斜着头部时，他会看起来弱小一些，好像需要依靠一样。研究者认为这个姿势起源于婴儿时期婴儿将头靠在父母胸膛和肩膀休息的动作，因此它表达的意思也跟婴儿头靠父母睡觉的意思一样，表示他需要保护和依靠。回想我们看过的电影，一般浪漫唯美的电影中都会有这样一个场景：女主角将头部倾斜轻轻靠在男主角的肩膀或者后背。只一个动作，女主角的温顺和需要保护的心情就展现得淋漓尽致。

所以，当你想对对方表示顺从之意时，千万不要高昂着下巴看着对方。高昂着下巴时，即使点头也不能很好地传达顺从对方之意。你只须微微倾斜头部，你就一下子变得温柔起来，你的顺从之意也就表露无遗了。

听众们倾斜了脑袋说明什么

职业的演说家或经常当众发言的领导都喜欢认真听讲的听众，而判断听众是否认真倾听，听众在倾听时是否倾斜了头部是一个重要的判断依据。假如看到听众歪着脑袋，身体前倾，目光坚定地看着演讲者，这无疑是一个让演讲者开心的现象，因为这个动作说明听众听得很认真；反之，如果对方的脖子伸直，直盯着演讲者，即使是认真倾听的听众，他的观点和演讲者也往往是相反的，他倔强地直挺着的脖子和脑袋说明他另有自己的主意。

另外，听众在听讲时倾斜着头部，说明他对演讲内容非常感兴趣，此时倾斜头部的动作除表示赞同、顺从之外，还蕴含了一种玩味的意思。因此，当你在倾听别人发言时，你不妨通过倾斜头部和频频点头的动作表示出你对演讲内容的认可和极大兴趣，这样发言人就会对你产生好感，你们的心理距离也会因此拉近。

袁晓逼近“剩女”警戒线，于是在家长的安排下，开始相亲。刚开始袁晓为了表现得有礼貌一些，在和相亲对象见面时，总是挺直身子坐着，即使椅子有后背或者有时是沙发，袁晓也不会将后背靠过去。结果，几次相亲都很失败，相亲对象都觉得她身体僵硬，所以无法建立起好感。后来，做公关的表姐给了她一些指引。表姐说女人的小动作很重要，只是歪着头这个小动作就可以传达出温顺、俏皮、认真倾听的信息。后来，袁晓应用到了实践中，在和别人交谈时，她时而歪着头表示出对对方话题有极大兴趣，时而点头表示认同，而歪着头的袁晓比平时看起来温顺妩媚了许多。灵活运用小动作的效果果然不错，没过多久，袁晓就交到了不错的男朋友。

由此可见，将倾斜头部的动作加以合理利用，我们会在与人交往，甚至在结识陌生人时获得良好的效果。

倾斜的头部 + 质询的目光 = ？

在学习读心术时，最忌讳的是将某个单个的肢体动作和它表达的意思生硬地扣在一起。我们必须学会具体问题具体分析，如此才能从肢体动作上正确读解出对方的内心话语。例如，我们前面说过，倾斜头部表示的是顺从、感兴趣、认真倾听等积极的信号，但是，当一个人在听你说话时，倾斜脑袋并紧锁眉头，目光中透露着怀疑的神色，说明此时对方的内心深处对你的意见是怀疑和否定的。

因此，我们必须将多个肢体动作配合起来进行判断。其实我们在日常生活中也经常见到倾斜头部时表示怀疑和否定的情形。当你说完一个事情或者观点时，对方会倾斜着脑袋，一脸怀疑地问你：“是真的吗？”此时此景，对方显然对你并不顺从。

许多著名的人物肖像画中，女性大都有倾斜脑袋的动作，而男性则抬头挺胸的动作比较多。这是因为相比较而言，女性更容易表现出对人对事顺从的意思。

他为什么摩拳擦掌

在冬天的户外，如公交车站上，我们总会在等车时不停地摩拳擦掌，此时，我们摩拳擦掌是因为天气寒冷，我们想通过摩擦双手使得手上的温度升高一些。但是，在并不寒冷的天气，摩拳擦掌的动作也会常常出现，这时同样的动作则表示出不同的意思，此时我们便要学会读解此肢体动作的具体含义了。

摩拳擦掌：迫不及待的心情

当你去游乐场玩耍时，你会发现在队伍前面排着的人有好多都在不停地摩拳擦掌，有些人还有小跳的动作，走近了你会听见这些人兴奋的声音："哎呀，终于轮到我们了。""好激动啊。""我真想现在就坐上去。"其实，这些人即使什么也不说，我们也能从他们摩拳擦掌的动作中看出他们迫不及待的心情。

人们常常会通过摩拳擦掌表现出对某人某事的期待心情和跃跃欲试的姿态。例如，在和朋友玩扑克牌时，你会发现朋友在等待发牌时不停地搓着手，这表示他迫不及待地要将自己的牌拿到手，也表示他对好牌的期待之情。

又如，在运动场上，我们看见那些等待上场的运动员一边看着场上运动员的表现，一边摩拳擦掌，这表示运动员跃跃欲试的心情。也许刚坐在旁边座位上等待时，运动员还只是紧紧地攥住双手，等站起来等候上场时，他开始摩拳擦掌了，这个动作也会给运动员自己和观众一些积极的心理暗示，就是他已经做好了准备，迫不及待要上场表现了。

焦虑时人喜欢摩拳擦掌

假如摩拳擦掌的动作出现在另一个场景、另一个人身上，它代表的意思则会大不相同。例如，等待在产房门外的准爸爸不停地搓着手来回走动，这时摩拳擦掌的动作表明他的内心非常焦虑，非常着急等待着结果。和前面一样，他的心情非常急切，更多的是焦虑和担忧。

当你发现一个人摩拳擦掌是因为他此刻非常焦虑时，有几个方法可以让他减少一些担忧和焦虑。假如对方是你的朋友或者亲人，你可以轻轻握住他的手，然后给他支持的眼神，安慰他说："放心，肯定不会有事的。"假如对方和你的关系并不是非常亲近，你可以走近他，轻轻拍拍他的肩膀，向他微笑，给他以支持的眼神。人的焦虑和担忧常常是自己吓唬自己造成的，此时要是出现一个人稍加安慰，他则会安心许多。

摩拳擦掌的暗示："你将是受益者"

当你走进一个卖场，向销售人员说了你对产品的要求后，销售人员可能会眼睛一亮，一边快速摩擦手掌，一边说："你跟我来，我有一个型号的产品完全符合你的要求。"当对方向你展示完产品后，你可能会亲自试用一下产品。在你体验完产品后，销售人员又会一边搓着手一边兴奋地问你道："你感觉怎么样？不错吧！"

这时，销售人员一直有一个摩拳擦掌的动作，其实他的这个动作是期待你给出他肯定的回答，他在通过摩拳擦掌的动作暗示你："你就是这个产品的受益者。"如果你给对方积极的回应，他可能会更加雀跃，将摩拳擦掌的动作改为鼓掌，好像在再一次强调：你绝对是那个受益者。

如果角色调换，摩拳擦掌动作的发出者是产品的购买者，这个动作传达出的信息则是购买者的购买意愿非常强烈，购买心情非常急切。例如，购买者说 "把你们质量好、功能齐全的都拿过来我看看”，极有可能购买者在看完几个产品后会购买其中一款，因为他摩拳擦掌的动作已经显示了他急切的心情。

摩拳擦掌可以热场

在一次会议中，假如大家都死气沉沉的，这时，常常会有一个比较有号召力的人站起身，摩擦着手掌，或者拍着手掌对众人说：“大家注意，我们现在来讨论一个有趣的问题，缓和一下会议的沉闷气氛。”这时，可能整个现场的气氛活跃起来，打瞌睡的人睁开了眼睛，做小动作的人也转过头。此时，摩拳擦掌的动作在帮助发言者热场的同时，也有助于他突然站起身说话不显得那么突兀。我们都有这样的经验：一个配合四肢动作的发言人更具有感染力。因此，在你想缓和一个现场的气氛、使得整个现场兴奋起来时，你可以尝试在大声呼吁的过程中配合上摩拳擦掌的动作。

摩擦手掌表示的是一个人无比期待的心情，而摩擦手指的动作则表达了索取金钱的意思，因为这个动作与用手指指尖摩擦硬币的动作很相似。

倾慕之意：托盘式的姿势

托盘式的姿势是指将一只手搭在另一只手上，双手撑住下巴，微微抬头将脸迎向对方。使用这一姿势的多为女性和男同性恋者，其在向倾慕的对象表达爱意时会做出这个姿势。只是一个简单的姿势，竟会让你和对方之间的关系和气氛陡然不同！

托盘式姿势传递倾慕之情

假如一对男女正面对面坐着，男士正在高谈阔论，对面的女士将一只手搭在另一只手上，双手撑住下巴，满眼欣赏地看着男士，这时，我们通过女士的神态可以推断出这位女士对面前的男士非常倾慕，甚至痴迷。女士做出托盘式手势大概有以下三种情况。

第一种情况是女士被男士的学识和口才所征服，不由自主地做出仰慕的动作——托盘式姿势。这里的托盘式姿势是一种自发的姿势，是人在感情的驱使下自然地做出的一种动作。很多人在倾听有才华的异性讲话时都会做出这种动作，这表示动作者将听对方说话当作一种享受。

第二种情况是女士被男士的外貌所吸引，在这种情况下，女士也会不由自主地做出痴迷欣赏的动作——托盘式姿势。这时，女士可能并未听进去对方在讲什么，只是以口头的“嗯啊”随意应付，而注意力完全在对方英俊的外表上，这是我们生活中常见的典型的“花痴女”。

第三种情况是女士对男士倾慕已久，所以她想主动传递给对方她对对方的好感和倾慕之意。这时，将一只手搭在另一只手上、双手撑住下巴、微微抬头将脸迎向对方的姿势会让女士看起来更妩媚、更温柔，而且表意更明确。这种情形就好像女士将自己的脸当成一件精美的工艺品，将它端到对方面前，让对方细细欣赏和品味。这时，只要男士脑子不是很愚钝，一般都会收到女士发来的求爱信号。

一般来说，这个姿势常被女性用来表达对异性的倾慕之意，男性做出这个动作会被认为不够男子汉气。当然，男同性恋者除外，在男同性恋者中，这个姿势也是经常出现的。

讨好恭维之意尽从中来

除了我们前面所说的倾慕之意，托盘式姿势也会传达出讨好恭维之意。

假设有两个面对面坐着聊天的人，在一个人表达观点时，另一个人做出托盘式姿势，很显然说话者可以获取到的信息是：“她对我的讲话很认同、很感兴趣。”而其实这个人也许并不很在倾听状态，也不十分认同对方的观点，她的这个姿势只是为了讨好、恭维对方。这个姿势像是把身体最重要的感官系统——脑袋端到了对方的面前，说明自己正在全神贯注地倾听对方讲话，而且从她倾慕崇拜的姿势和眼神中，讲话者可以获得极大的满足感，从而对她产生好感。因此，如果想讨好、恭维对方，这样的姿势是不会让你失望的。

你必须学会合理运用托盘式姿势

既然托盘式姿势能表现对异性的倾慕之意，对朋友或者领导的讨好恭维之意，那么，你应当学会合理运用这个肢体动作，让它助力你人际交往。

当你在做出托盘式姿势时，你一定要注意，要将这个动作和你丰富的表情配合起来，千万不要成为一个只会做动作，不会传达感情的木偶。例如，在表达对异性的倾慕之意时，你应当配以含情脉脉的眼神、略带羞涩的微笑等，这样异性才会被你的小女人感觉征服。当你想讨好和恭维对方时，你就应该在表示仰慕的同时，间或配合鼓掌称好、言语赞叹等，这样才更能显示你的诚意，对方也更容易对你产生好感。

> 女士喜欢在男士面前做出托盘式姿势。这个动作就像女士将自己的脸当成一件精美的工艺品，将它端到对方面前，让对方细细欣赏和品味。

斜瞄式的微笑：读懂她的心思

戴安娜王妃有着超乎想象的人气，她一个人的魅力甚至超过了整个英国王室。她为什么这么受人青睐呢？原因除了她亲力亲为，为弱势群体出力，她还有一个招牌式的魔法工具——经典迷人的斜瞄式微笑！

我们从戴安娜的微笑中看到了什么

戴安娜的经典微笑姿势是微笑时紧闭双唇，同时低下头，把头歪向一侧，并且斜着眼睛向上望，这就是我们所说的斜瞄式微笑。这种微笑在少男少女中非常常见。假如一个女中学生看到自己喜欢的男生朝自己微笑，她会默默不语，斜瞄着心仪的男生，腼腆而害羞地冲他微笑一下，然后走开。已故的戴安娜王妃就是用这样的微笑征服了全世界。

这种笑容看起来有点俏皮，但同时暗藏心机。这样的微笑让戴安娜王妃看起来就像一个缺乏保护的小女孩，无疑能引发男性体内的保护欲望、女性体内的同情因子，于是，大家便萌生出拥护她、保护她免受伤害的愿望。

此外，这种微笑又很含蓄，常常会让男性回味无穷。大多数少女在回应喜欢的男生的追求时，常常会使用斜瞄式微笑，这个微笑就像在告诉对方：我也喜欢你。

学会笼络人心的斜瞄式微笑

通过戴安娜王妃的斜瞄式微笑我们看到，斜瞄式微笑可以起到笼络人心的作用，但是遗憾的是，不是每个人在现实生活中运用斜瞄式微笑后都能取得戴安娜微笑的效果，有很多人甚至起到了反作用。

“我看到一本杂志上说到几个可以提升女人味的微笑方式，其中有一个就是斜瞄式微笑。可是我这样对着我男朋友笑时，他问我是不是眼睛出了什么问题，为什么对着他翻白眼。”愤怒的赵小姐在某个论坛上发牢骚。

赵小姐就是典型的没有学会微笑的人。当我们在使用斜瞄式微笑之前，我们必须进行一定的练习：微笑时一定要微微低头，微笑不能太过，脸带笑意即可；在微笑时转过头朝向对方，表情要略带羞涩之意，但不是做扭捏之态。一闪而过的羞涩会让对方留下深刻的印象，要是一直做扭捏害羞姿态，则会被认为做作。在你从镜子中确实看到一个会微笑而且微笑很迷人的你后，才能放心地用斜瞄式微笑来笼络人心，千万不要适得其反。

读懂对方斜瞄式微笑里的话语

当坐在你对面的人朝你斜瞄着眼睛微笑时，你能明白对方微笑里暗藏的没说出口的言语吗？

假如这样朝你微笑的是一位异性，显然对方对你有好感，因此在交谈情境中，对方应该不会和你形成对立状态。但是如果对方斜瞄的动作和微笑的动作不是同步的，而是分开的，你就要注意，此时表达的意思可能有变。当一个人斜瞄着眼睛看着别人时，它常常会有一种“不愿正眼看你”的意味在里面。当对方斜瞄了你一眼，发现你正在看着他时，他可能会为了缓和气氛而朝你微笑一下，这里的斜瞄和微笑不可连起来统称为斜瞄式微笑。此时对方可能对你持否定态度，你得注意。

假如你的朋友或同事斜瞄着眼睛朝你微笑一下，很可能他是对你刚才的发言表示肯定，这个微笑就像你们之间的暗号，他在通过他的斜瞄式微笑告诉你：“说得好，我同意你的观点！”

> 斜瞄式微笑是指微笑时紧闭双唇，同时低下头，歪向一侧，并且斜着眼睛向上望。它让人看起来腼腆而害羞，想笑而又很含蓄。

积极情绪的特征：瞳孔扩张

在你情绪沮丧时，如果你对着镜子观察自己的眼睛，你会发现自己目光无神，黑瞳只有豆子那么大；而这时如果你想起一件让你非常激动、兴奋的事，你就会发现镜子中你的瞳孔由收缩转向扩张。反之亦然。可见，积极情绪有一个重要特征，那就是瞳孔扩张！

瞳孔扩张无疑是透露积极情绪的最好信号。瞳孔扩张表达了一种满足感，仿佛在说："我喜欢现在看到的东西，让我多看看吧！"

瞳孔运动研究报告

芝加哥大学心理系的前系主任埃克哈特·赫斯是一位瞳孔运动研究领域的领军人物。他指出，瞳孔的大小是由人的情绪状态决定的。当一个人处在兴奋状态时，瞳孔会比原始尺寸大四倍。同样，人在遇到对情绪有刺激作用的事物时，瞳孔也会扩张，例如，男士在看见性感漂亮的女士时，瞳孔会瞬间扩张。反之，当人在生气或者困乏时，瞳孔就会收缩，这就是我们在形容一个人没精打采时，常用"目光如豆"的原因，因为那时他的瞳孔非常小。而当一个人精神状态非常好时，我们常用"炯炯有神"来形容，这其实也是瞳孔扩张的原因。

赫斯做了一些实验，他让实验者先看异性明星的大幅性感海报，这时他观察到，实验者们，只要是性取向正常的，都会在看到异性明星的海报时眼睛睁大，瞳孔扩张；而当一会儿再将同性明星的海报放在他们面前时，他们的瞳孔就会慢慢收缩，眼睛也没有刚才睁的那么大了。同时，赫斯还发现，人们在看见美食、精美的工艺品、壮丽的景观时，瞳孔都会扩大。可见，只要有外部刺激引起的兴奋、激动等积极情绪，人的瞳孔就会自然扩张，这是人的情绪被激发的结果，是人心理活动的真实写照。

扩张的瞳孔具有商业价值

后来，瞳孔扩张运动的研究成果被应用到了商业领域。大家看到这儿可能会有些疑惑和猜想，瞳孔只能看出人的心理活动状态，怎么应用于商业呢？这其实是可以的，因为我们发现，当人瞳孔扩张时，他更具有吸引力，而吸引力在“眼球经济”中具有商业价值。

瞳孔的扩张令广告模特显得更有吸引力，这样顾客在看过广告后就会有更强烈的购买欲望。所以，瞳孔扩张首先被用在代言产品的广告模特身上。如果是平面广告模特，商家就会把模特的瞳孔修改得更大，这样模特就会看起来更有吸引力。特别是化妆品代言模特。如果她代言的产品是眼睫毛、眼影或者唇膏等，当她的瞳孔被扩张后，她的整个人就会看起来精神许多，有更大吸引力，产品销量也可能随之上升。如果是电视广告模特，商家就需要在广告拍摄过程中让演员的状态更积极、情绪更高涨，这样拍出来的模特就会更有魅力，产品也会卖得更好。

另外，人们多了解一些瞳孔阅读术也是非常有商业价值的。

做销售的Jackson说：“当我和客户谈生意时，我常常注意观察他的瞳孔。当我提到一个价位，如果他的瞳孔突然放大，可以肯定这个价位让他很满意，因为他兴奋的神经刺激着他的瞳孔扩张。所以这时即使他嘴上说价位太高，我也不会再降低价格了。最后我常常会在这个价位上谈成一笔生意。”

可见，通过瞳孔阅读对方的心理活动，是极具商业价值的一项技能。

用扩张的瞳孔给自己积极暗示

当一个人因为面前的某人或者某物产生的高兴、激动、满足感等积极情绪越高涨，他的眼睛就会睁得越大，瞳孔也会扩张得越大。当我们遇到自己喜欢的人或久违的朋友时，我们会竭力睁大眼睛，我们可以主动控制自己眼睛张开的程度，越大越好，我们的瞳孔也会同时随着我们激动的情绪而扩张。在工作中，当领导睁大眼睛看着我们时，我们可以假设他对我们有好感或者他对我们做的事非常满意。这样一来，我们和他的关系就会更加亲近，我们的工作积极性也会越高。

> 瞳孔的大小是由人的情绪状态决定的。当一个人处在激动状态时，他的瞳孔会比原始尺寸大许多，这无疑是积极情绪的最好信号。

眨眼的频率诉说着人的心理状态

日本东京大学中野玉见博士说：“我们似乎下意识地寻找眨眼的最佳时机，将眨眼时遗漏重要信息的可能性降到最低。”

你也许有过这样一种经历：在你看电影时，你会目不转睛地看着大屏幕，因为担心一眨眼就错过关键情节。但是科学家的研究成果告诉我们，这种担心没有必要，因为眼睛会自主选择眨眼时机，以免错过重要的视觉信息。眨眼的时机和频率随时在诉说着一个人的心理状态。

眨眼频率暴露谎言

英国朴次茅斯大学的学者研究发现：通过判断一个人的眨眼频率，可以判断他是否在说谎。因为与说真话的人相比，人在说假话时眨眼频率会放慢，但说完谎话后眨眼频率又会加快到平时频率的 8 倍。

在正常且放松的状态下，人的眼睛会每分钟眨 6 ~ 8 次，每次眨眼时眼睛闭上的时间只有 1/10 秒。但当人撒谎时，他眨眼的频率会明显提高，而且闭上眼睛的时间会比正常情况长 1/10 秒。这是人下意识控制下的行动。有人和你谈话时如果出现不真诚氛围、厌烦情绪、无趣感觉时，他在每次眨眼时会闭上 2 ~ 3 秒甚至更长的时间，这是他潜意识里希望你在自己的视线中消失的表现。如果他的眼睛一直闭着，说明他完全不想看见你了，你们的谈话可以就此打住了。

有关专家进行了进一步的研究，他们将被测者分为两组：第一组人自由活动十分钟，活动内容尽量简单，从而使人不会在这十分钟里做出任何需要说谎掩盖的事；第二组人被告知一会儿考试的试题和答案就放在那儿，有些人偷偷看了试题和答案。之后研究人员让被测者在回答问题时戴上特制的可以测试眨眼频率的仪器。

结果发现，说真话的那些人，眨眼频率会比平常略微高一些，这是因为他们怕回答不好问题而产生的焦虑情绪使然（因为显然从他们说话的语气中也可以听出他们有焦虑情绪）；而那些说谎者，他们眨眼的频率变化非常明显，先是稍微下降，反映出被测者在思考如果被问到，该如何不留痕迹地撒谎，所以他们自我安慰要保持冷静。后来在正式说谎时他们眨眼的频率大幅上升，此时眨眼行为是不受大脑控制的下意识行为。

自大者的眨眼频率常会主动延长

延长眨眼的间隔是那些自大者的常用姿势，他们常常会在延长眨眼间隔的同时配以长时间凝视对方的动作，这充分表现了自大者目空一切的心理，他们对别人的蔑视意味也就自然流露出来了。一个自大者目不转睛地长时间看着一个人时，他的潜台词是："我看不起你，你认识不到我有多厉害吗？"

袁剑去一家大公司参加面试，作为名牌大学的研究生，袁剑本来就底气十足，了解到跟他竞争同一个职位的人都是本科生时，袁剑更加自信满满，在回答面试官的问题时，对答如流。可是当录取结果公布时，袁剑并未被录用。袁剑通过在这家公司的一个朋友询问了其中原因，这才知道面试官是一个非常善于观察面试者表情的人，他注意到袁剑在回答问题时，后背靠在椅子上，而且眨眼的间隔时间较长；在别人回答问题时，袁剑用眼角看着竞争者，这些信息都透露了袁剑是一个自大的人，因而他失去了面试官的认可。

他对你的话题感兴趣吗

在一个公司会议上，领导正在激情澎湃地发言，底下的员工都在专心地听着。究竟有几个人的注意力完全集中在领导的话题上，究竟听众对发言者的话题是否感兴趣，我们可以通过观察听众的眨眼频率，加以判断。

如果领导的发言很精彩，听众眨眼的频率就会加快，这表示其对话题很感兴趣，并且不断从中发现有意思的东西；如果听众眨眼的频率开始变慢，闭上眼的时间越来越长，那就说明其觉得领导的发言非常无趣，注意力早就移开了。接下来我们看到的很可能是一群开始打盹的听众。

因此，如果你是讲话的，而和你交谈的人眨眼频率开始变慢，你就要思考如何用新策略去刺激他，让他对你的谈话产生兴趣。如果你没有新策略可以施展，不如趁早结束谈话。

> 一个人在对对方的谈话产生厌烦情绪时，他眨眼的频率会变慢，在每次眨眼时会闭上2～3秒甚至更长的时间，这是他潜意识里希望对方在自己的视线中消失的表现。

暴露人的内心：下拉的嘴角

当我们微笑或者得意时，我们的脸上总会出现嘴角上扬的表情；而当我们不开心时，我们不悦的情绪总会从撇嘴的动作上表露无遗。

因此，当对方嘴角下拉时，你就可以判定对方此时的情绪是消极的，此时你就要判断对方下拉嘴角缘何而起，然后对症下药方为上策。

表示鄙视的撇嘴动作（见左图）；表示伤心失望时的撇嘴动作（见右图）。

下拉的嘴角：消极情绪的标志

你可以做这样一个实验：对一个心情很好的人讲一件悲伤或者对他而言非常不幸的消息，这时，观察他的嘴角，你就可以看见他的嘴角会从上扬变成下拉，也就是我们常说的撇嘴。显然，当一个人在悲伤、沮丧、失望、愤怒等消极情绪的影响下，他的嘴角会出现下拉的动作。

在美剧《别对我撒谎》中，有个女教师谋杀案。当莱特曼博士问到犯罪嫌疑人听到自己的老师被杀是什么心情时，犯罪嫌疑人想了一会儿说，听到这个消息很震惊。但是莱特曼博士注意到对方的表情并不是震惊而是悲伤，因为他的嘴角下拉，而且脸上显示出悲伤的神情。由此莱特曼博士判断出犯罪嫌疑人——这位老师的学生，对自己的老师有着不同寻常的感情。后来果真发现，犯罪嫌疑人喜欢自己的老师，他一直在偷窥、偷拍自己的老师，而那天老师被杀后躺在沙发上，他以为老师正在睡觉，又在窗外偷窥，此时正好被抓了个现行。

但是，在看到对方的撇嘴动作时，我们一定要结合其他表情判断对方的情绪因何而起，是消极情绪中的哪一种。如果下拉嘴角的动作和眉头紧锁、怒目圆睁的动作结合起来，这时下拉嘴角代表愤怒。

如果一个人经常出现嘴角下拉的表情，我们可以判定他是一个情绪消极的人。一个在社交场合经常出现嘴角下拉动作的人往往不太受欢迎，别人总会避免和他进行眼神交流或者语言交流，因为这种沉重感和消极情绪是会感染的，人们都不希望自己感染到他的消极情绪。

下拉的嘴角露出鄙夷之意

同样在美剧《别对我撒谎》中，莱特曼博士被要求前往军队调查一个女兵被军官强暴的案件，这个军官说自己被冤枉了，而且他马上就要被派往重要的军事现场。在莱特曼博士让“受害人”讲述事情过程时，莱特曼博士发现“受害人”在讲述事件的过程中额头一直是平展的，并未出现任何悲伤的表情，而且在讲述被强暴事件时，“受害人”并未出现惊恐的表情，但是在说到犯罪嫌疑人——那位军官时，“受害人”出现了撇嘴和抿嘴的动作。抿嘴是人们在说谎时常会出现的表情，而这时的嘴角下拉动作，莱特曼博士认为是鄙夷之情使然。

后来，经过进一步的调查，莱特曼博士揭示出了事情的真相：这个军官并未强暴过当事人，这是几个女士兵的计谋，想诬陷这个军官。原因是他之前长期迫使另一个女兵为他提供性服务，这位案件的所谓受害人是想通过这个案件让这个道貌岸然的军官受到惩罚，以此保护其他伙伴。

可见，嘴角下拉的动作，还可能传递出鄙夷、看不起对方的意思。这一点对于我们来说也并不陌生。因为在现实交往中，当一个高傲的人在看到他鄙视的人时，常会高傲地扬起头，同时对对方的行为做出鄙夷的表情——下拉嘴角。这个动作有时是转瞬即逝的，有时则是自以为是的人堂而皇之展现出来的。当你遇到一些自以为是者撇嘴表示对你不屑时，你要做的就是用出色的表现来回敬他，让他知道自己看错了你，你绝不是泛泛之辈。

人际交往必须掌握的微笑礼仪

在人际交往中，那些乐观、热情，脸上时刻洋溢着微笑的人总是会受到人们的欢迎，他的人脉也会非常广；而对于那些情绪消极，嘴角下拉、眉头紧锁的人，大家总是绕着他走，他也可能成为人际交往中的“祥林嫂”，没有人愿意听他讲话，也没有人相信他的话。如果你发现撇嘴已经成了你的习惯性表情，那么你应该从现在起就改掉这个习惯，有意识地增加自己微笑的频率。

如果你仔细观察就会发现，那些大家眼中的职场幸运儿，总会在遇见上司和同事时微笑着点头示意，有时即使不说话，只是朝别人微笑一下，也能传递出对别人的友善和敬意。

在日常交往中，当你对别人微笑时，你一定要发自内心地微笑。如前面所说的，真诚的微笑是眼轮匝肌和颧骨肌同时作用的结果，此时你脸上的两块肌肉和眼睛四周的肌肉都会被调动起来。而如果你只是主观地调动起你脸上的两块肌肉，这样的笑容看起来就没有诚意，自然也不会取得好的效果，时间长了还会被人认为你假惺惺。另外，在微笑的同时，亲切地打声招呼可以使你们的关系更亲近自然。

> 嘴角下拉是消极情绪的标志。做出该动作的人要么内心非常悲伤，要么内心充满了对别人的鄙夷。要杜绝这个动作在我们的脸上出现，我们必须学会发自内心地微笑！

看出人的厌倦：用手掌托住脑袋

前面我们已经说过，在一个演讲中，如果一个人轻轻托住下巴，眼神专注地看着演讲人，那么我们可以判定这个人听得非常认真。

但是，当这个听众用整个手掌托住脑袋，好像松开手头就会掉到桌子上一般，我们从他的动作和表情中可以读出他此时的心情：“我受够了，我厌烦透了！”

哪些动作在诉说着他的厌倦情绪

当你和别人交谈时，你应当及时收取对方的反馈信息，这样你们的交谈才会有效果。但是人们常常会隐藏自己的情感，不仔细观察，你就无法发现这些线索。你在和人谈话时，如何从对方的动作中收取到他可能厌倦的信号呢？

掩嘴打哈欠的动作（见左图），要不是乏味无极是不会在谈话中出现的；同样，用手掌托住脑袋，眼睛无神的状态（见右图），也会出现在已经感到厌倦的时候。

用手掌托住脑袋

当一个人在听你讲话时，他下意识地用手掌托住脑袋，将整个身体的支点都放在胳膊上，这说明他已经开始厌烦你的话题，他的整个身体已经没有动力支撑自己，只好让手和胳膊来支撑自己了。

掩嘴打哈欠

当一个人对交谈者的话题产生疲倦之意时，他会下意识地打哈欠，哈欠就像喷嚏一样，一般来说是人无法当即扼制的。这时为了礼貌起见，对方可能用手掌遮挡住嘴巴。虽然他用手遮住了哈欠，但是，他脸上的困意会告诉你，他已经厌倦你的话题了。但是有些人会完全当着你的面哈欠连连，显然他是想直接给你暗示他已经厌倦你的话题了。

快速地看表

当对方对你的话题没有什么兴趣时，他会觉得时间过得特别慢，所以他会下意识地快速、多次看他的表，这时他的内心独白可能是：“天哪，怎么才过了十分钟！他什么时候说完啊？”相信这种心理活动我们每个人都有过。虽然很多人将自己看表的动作掩饰得很好，但是我们仍然可以捕捉到这些信息。例如，有的人用戴表的手挠挠鼻子或者摸一下下巴，将手表放到眼睛跟前，快速扫一眼；有的人则将桌上的茶杯或者咖啡杯端在手里，用两只手托着它，在低头喝茶时，慢慢将戴手表的手腕抬过来快速扫一眼。

眼神四处张望

当一个人注意力不集中时，他就管不住自己的眼神，忍不住四处张望，他有可能看看这里看看那里，也有可能盯住某个东西或某个方向眼珠一动不动，偶尔回过神来点点头或者“嗯啊”答应几声。

如何应对交谈对象的厌倦之意

当你觉察到对方的厌倦之意时，你应该如何反应以改善你们的交流气氛呢？这里我们就针对前面说到的几种表示厌倦的动作来给出相应的策略。

要求和对方击掌

当对方做出用手掌托住脑袋的动作表示厌倦时，你要设法让对方放下他用以支撑身体的胳膊，以消除他的厌倦感。你可以给他看新鲜的东西，或者讲到一个两个人可以产生共鸣的事情时，主动要求和他击掌。这样他就不得不改变自己的姿势了。

询问对方“你是不是累了？”

当对方哈欠连连时，为了表示你作为讲话者的抗议，你可以主动询问对方：“这几天是不是没休息好？”“我看你今天挺困的，是不是昨天睡得比较晚？要不这个问题我们下次再讨论？”通过这种带责备意味又带关心色彩的询问，让对方察觉到他的失礼，接下来他可能会因为内疚而投入你们的交谈之中。

看着他的表说“你还有事？”

对待频频看表的人，你可以采取应对打哈欠的同一方法——直接出击。你可以看着对方的表说：“手表挺漂亮的。”“我看你挺着急的，是不是还有其他事？”这时，对方就知道你发现了他的小动作。如果他没有什么事，接下来他会比较认真地听你讲话；如果他确实有事，你们可以约定下次见面时间。

拉回对方注意力，或者立刻结束对话

这时，如果对方跟你是平辈或平级的，你可以直接出击，询问对方：“怎么了？看见什么好玩的了？”或者你可以用口哨、打嘘等动作吸引对方的注意力，然后继续你的话题。如果对方是上司或长辈，你应该提醒自己结束此次谈话，因为对方的厌倦情绪已经表现得非常明显了，继续下去反而适得其反。

> 当你发现跟你谈话的人有厌倦情绪时，一定要及时扼制或者终止这次谈话。在厌倦情绪下的交谈是无法获得好的效果的。

总　结

在交谈过程中，应该学会随时察觉对方的情绪，在对方表示认同的时候要继续深入话题，在对方表现出反感情绪时要适时结束话题，这样才能保证交流是积极有效的。在这一章中，我们学会了一些觉察对方喜爱或厌恶情绪的表情和动作，现在让我们一起来回顾一下。

1. 如果交谈对象出现皱起眉头的动作，说明他的身体或者内心出现了不舒服的感觉。

2. 轻抬眉毛是一种欢快情绪的表达，人们在表示对别人肯定或向别人热情地打招呼时，会运用轻抬眉毛的动作。

3. 当一个人的眼神开始飘忽不定时，他的注意力早已涣散了，结束当前谈话是最明智的选择。

4. 人们习惯将脚尖和身体朝向自己喜欢的人。当一个人将脚尖朝向门的方向时，说明他已经不想继续当前的话题了，他想离开。

5. 头部微微倾斜会让动作者看起来更加弱小和坦诚，它是人们表达顺从之意的动作。

6. 当一个人内心无比期待某事或某结果时，他会下意识地做出摩拳擦掌的动作。这个动作表达的情绪有可能是无限期待，也有可能是十分焦虑。

7. 当一个女性在一个男性面前做出托盘式姿势时，说明她对面前的男性是非常倾慕的。

8. 人们在遇到对情绪有刺激作用的事物时，瞳孔会扩张，而当人们生气或者困乏时，瞳孔就会收缩。

9. 当一个人对当前的谈话产生厌倦情绪时，他在每次眨眼时会将眼睛闭上 2 ~ 3 秒甚至更长的时间，这是他潜意识里希望对方在自己的视线中消失的表现。

10. 下拉嘴角的动作表示了明显的悲伤或者鄙夷情绪。

第 5 章 伪装下的情绪涌动

许多动物都有伪装自己的本领，它们用保护色、警戒色、拟态等来隐藏自己或欺骗其他动物。但是动物并不是最会伪装自己的生物，其实人类更能伪装自己，他们能将激动的情绪伪装在自己平静的外表之下。在人际交往中，假如我们碰上了这类善于伪装的人，我们应该如何判断他们是否在伪装，为何要伪装，伪装了什么情绪？这一章，我们一起来揭开人类用以伪装的面具！

脸红，表示什么

中国传统戏曲中用脸谱来表现人物的性格特征，以丰富舞台色彩，强化演出效果。其中有一个脸谱是红脸，红脸最初代表的是关羽，这里的红色与人的面色有直接关系，如表现关羽面带枣色。由此具体人物引申开来，后来许多忠勇良将、有道正神也就都勾上了红脸。但是在现实生活中，一个人的脸色常会泄露他的内心情感。当一个人尴尬、羞耻或害羞时，常常会脸红。

少女般羞红的脸

爱情片中经常有这样一个场景：当一对男女初次见面时，四目相对，一见钟情，两片红晕飞上了姑娘的脸颊，小伙的脸也微微涨红。

这时的脸红显然代表了一个人在遇见心仪的异性时的激动心情。一般情况下，脸红的以女性居多，这也显示出女性脸皮比较薄，比较不善于掩饰自己内心的感情。特别是古代的女子，在出嫁前大门不出二门不迈，和陌生人几乎没什么交往，因此在遇到一个陌生的直勾勾盯着自己看的男子时，往往会脸红心跳，这也从另一方面说明脸红是社会经验不足、感情单纯的表现。如果是一个久经情场的风尘女子，在遇到这种情况时，大抵是不会脸红的。

尴尬的脸红

网络上曾出现过一个热字——囧，它代表的意思与“尴尬”差不多，当一个人在面临一个很尴尬的情境时，他会感觉很囧，此时他拧成“囧”字状的脸常常会涨红，而脸红的程度往往和他尴尬的程度是成正比的。

王建早上急急忙忙收拾完上班，一路上别人都看着他窃笑。到公司时，几个同事同时看着他的脚哈哈大笑。他低头一看才知道自己穿着拖鞋就出来了，而这拖鞋还是女朋友买的机器猫图案的毛绒拖鞋。王建当时尴尬得满脸通红。这时，领导走过王建身边，看了一眼王建的拖鞋说：“小王，你是为了今天陪我去开会特意换的鞋吗？”王建的脸更加通红了。

缺乏阅历，粗心大意，交往中遇到不好应付的人等情况都可能让我们陷入尴尬的境地。在人际交往中，我们既要尊重别人的人格，正视人与人之间的差异，避免给别人制造尴尬情境，同时，也要学会应付尴尬之事。

很多人在面对尴尬情境时都选择了逃避，即刻逃离尴尬现场。其实应对尴尬最好的办法是积极应对。“既来之，则安之。”这时我们要稳定情绪，从容应对，调动自己的主观能动性，找出尽快走出尴尬境地的方法。例如，如果受到了别人的讥笑，不妨借这个话题自我嘲笑一番，这样反而会显得你很大度，还很富有幽默感。要是给你制造了尴尬的人不通情理，你则要不卑不亢，泰然处之，不能因为别人的打击而影响自己的自信。

总之，要从容、镇静、灵活地化解尴尬，不要事后耿耿于怀，沉浸、纠结在当时的窘境中，这会给你造成沉重的思想负担，甚至会影响你的健康。

愧疚的脸红可以化解敌对情绪

当一个人犯的错误或说的谎被别人指出来时，他可能会因为愧疚而脸红。例如，当老师调查清楚打破玻璃的是那个男孩时，老师将男孩叫到办公室，严厉地指出他隐瞒的事实，这时，男孩的脸会瞬间红起来，而且在老师的继续批评下，他脸红的面积甚至延伸到脖子，这都是他内心愧疚和后悔所致的。

有科学家认为，这种愧疚的脸红对于人类是非常有好处的。东安格利亚大学的心理学家雷·克罗兹教授认为："人们通过这种方式发送出对群体致歉的信号……这是人们知道自己做了错事的感觉。它能平息敌对状态，让其他人更快地原谅你。"试想，如果你指出一个人所犯的错误，他瞬间脸红耳赤，从他脸红的表情你知道他内心非常愧疚，因此，你的怒气就会减弱许多，这对敌对双方都有好处。

情绪高涨也可以反映到脸上

除以上内心情感会让人脸红之外，还有一些由于外部刺激让人产生的高涨情绪也会使人脸红。例如，一个人站在领奖台上，领导指着他说这是大家的榜样，此时他的心情会非常激动，出现两眼放光、脸庞通红的激动表情。又如，当一个人跑完长跑后，运动带来的高涨情绪也会使他脸红。

人类是唯一对尴尬情境或者谎言被揭穿时会脸变红的灵长类动物，这就使得我们撒谎变得很困难。这从另一方面说明，表达诚心实意的能力让我们的祖先获得了比同时代生物更大的进化优势！

> 当接近脸颊、颈部和胸部皮肤表层的血管张开允许更多血流通过的时候，脸红就会发生。当人们情绪高涨时，自主神经系统控制下的这些血管就会张开，脸就会红。

紧握双手的伪装

人们判断手势代表的意思时，经常将脸部表情作为一个重要的参考标准。假如一个人紧握双手，脸上带着微笑，人们常常想当然地认为紧握双手是因为这个看似乐观的人对自己有强烈的自信心。但是事实是，很多人常常用这个肢体动作来伪装自己。当一个人紧握双手时，他很可能遭遇了挫折，此时很紧张、很焦虑。

紧握双手——祈祷的手势

在西方社会，当人们去教堂祈祷（或忏悔）时，总是将双手紧握在胸前，心里默念着自己的愿望。而在日常工作和生活中，一个人做出紧握双手的动作时，很可能他因为某事而在紧张焦虑，因此他不由自主地紧握双手为自己祈祷。

双手交叉相握于胸前，闭着眼睛。在日常工作和生活中，一个人做出这个动作时，很可能他因为某事而在紧张焦虑，因此他不由自主地紧握双手为自己祈祷。

当大考之时，如果你到考点学校附近观察一番，你就会发现很多家长紧握着双手走来走去，这是因为他们非常焦虑，做出这个手势是因为他们内心深处在为自己的孩子祈祷。同样的姿势我们还可以在医院的产房、手术室门外看到，那些病人的家属常常会紧握双手于胸前，然后走来走去。

当你遇到这种有焦虑神情且伴有上述动作的人时，如果对方是你的朋友或亲人，你应该上前握住他紧握的双手，说一些鼓励的话。或者你可以用更直接的办法，试着掰开他的双手，将他的一只手和你的手握在一起，这样或多或少会减少他的焦虑情绪。

紧握双手：给自己打气

袁丽去听一个谈判高手的讲座。刚开始，谈判高手自信满满地讲述着他历次成功的谈判经历。后来到了提问阶段，有一个人问到他某次失败的谈判经历，这时，袁丽注意到，他在描述那次失败的谈判经历时，将双手慢慢握到了一起，而且越握越紧，直到整个事件讲完，他的手一直紧紧握在一起，像用强力胶黏在了一起似的。虽然他的声音依然洪亮，说话也斩钉截铁，但是他紧握的双手透露了他那时挫败的内在情绪。

当一个人备感挫败时，他常会像故事中的谈判高手那样，将双手紧紧握在一起，这其实是一种拘谨、紧张、焦虑的表现，掩盖着他极大的挫败感，他很可能对所讲内容非常不自信甚至羞愧。此时他紧握双手的动作更像在用手给自己默默打气。

但是有很多人会在自己的挫败感十分强烈时将双手紧紧握住放在桌子底下，也许他桌面以上呈现出来的上半身看起来非常乐观自信，但是要是看见他桌子底下握得发白的手，你就会知道表情只是一个伪装的面具，诚实的手才显示了他真正的内心活动。

紧握双手的位置和心理挫败感之间的关系

一般来说，一个人紧握双手的姿势大致有四种：将双手握紧与脸部齐平，将手肘支撑在桌子或膝盖上握紧双手，握紧的双手自然地放在腿上，站着时将双手放在小腹前握紧。其中第三个姿势和第四个姿势的位置很接近，都是在腹部附近。握紧双手的位置和动作者内心挫败感的强烈程度正相关，即紧握的双手位置越高，挫败感越强烈。

当一个人将双手紧紧握住，与脸部或者胸部齐平时，他的挫败感非常强烈，而且不加掩饰地就表现出来了，说明他此时的焦虑和沮丧情绪也较强烈，要跟这样一个人进行深入沟通是非常困难的。此刻你最好留出一些时间让他调节自己的心情，而不要步步紧逼。留出适当的空白时间将更有利于接下来的交流。

当你发现你的交流对象将他的双手紧紧地匝在一起，你可以用一些简单的技巧来松开他的双手，从而缓解他的紧张及消极的情绪。例如，你可以端给他一杯茶或咖啡，这样他就会在饮用时松开自己的双手；你可以给他一支记录用的笔，这样他就会以为你在提示他做笔记，在做笔记时没有人会将双手紧握在一起；你还可以插入一些轻松有趣的话题，如看着他的手说“你的手好漂亮，手指很长”，这样他就会松开双手并看看自己的双手。

其实，他松开双手的时刻，也是他内心防备减弱的时候，这时他对你的观点才有接纳的可能。否则，紧握双手便和交叉双臂在胸前一样，他可能会否定到底，将你的观点和意见通通拒之千里之外。

当一个人将紧握的双手放在你看不见的地方，这说明他有一定的焦虑情绪和挫败感，但是不至于到无法化解的程度。

伪装的道具：随身物品

人们都知道自己的肢体语言会反映出内心活动，所以他们为了不让别人看出来他们在想什么，便会主动加以掩饰。例如，眼神专注是认真倾听的标志，所以一些人即使对对方的话题非常厌烦，他们也会眼神专注地看着对方，并不停地点头、摇头，间或露出惊讶的表情。

但是，你以为你掌握了表情伪装知识就可以完全解密别人的身体语言了吗？答案是否定的，因为人们还可能利用他们的随身物品来伪装，常见的有香烟、眼镜和公文包。

香烟是矛盾情绪的外在反映

在职场中，很多男士的随身物品中都有香烟，他们不一定是烟民，但是他们会随身带着香烟，因为香烟在很多场合中可以作为伪装情绪的道具，是缓解紧张情绪的法宝。例如，当一个人和对方的谈话不是很顺利时，他会借故出去抽一支烟，在抽烟的过程中，他的思路就会清晰很多。此时抽烟是为了掩饰他的内心不安，也是他为自己思考对策争取一定的时间。还有一部分人会在和一些吸烟者见面时带上一包好烟，当对方情绪不佳时掏出好烟来安抚对方急躁的情绪。

一个人从出生的那刻起，就在母亲的身体上寻找某种安全感，而吮吸母乳恰恰是满足这种天生渴求安全感的一种形式。当一个人长大之后，这种潜意识里对安全感的需要会通过多种形式表现，其中就包括嘴里叼着香烟。

香烟除有上述掩饰情绪和安抚情绪的功能之外，还有传递爱意的功能。在电影和广告招贴画里，吸烟的姿势通常都会和性感扯上关系。男士经常会以点烟为理由向女士示爱。当一个男士帮一个女士点烟时，如果女士一边将香烟凑近男士，一边凝视着这位男士，这就意味着这位女士接受了男士的追求。而男士如果在抽烟时，将烟圈朝女士脸上或身上吐，这也是性挑逗非常强烈的动作。

眼镜有时是个烟雾弹

在商务场合，眼镜象征着威严和权力，特别是一些有棱边的黑框眼镜。但是，无框眼镜或镜框纤细的眼镜则不会给人留下威严的印象，这些人往往是为了追求一种时尚感。

如果你是个近视眼，你可能觉得眼镜很麻烦，觉得它只是把自己带离模糊世界的工具。可是，在有些人眼里，特别是在一些不戴眼镜的人眼里，他们往往会因为你这副眼镜而认为你好学、勤奋，特别是在人们第一次见面时，一个戴眼镜的人总是给人博学多识的印象。回想我们看过的影视作品，那些学究们大多戴着厚厚的近视眼镜，好像镜片越厚，显得这个人就越有学问。但是，我们的习惯印象并不一定正确，因为只有在简短的交谈中，眼镜才会为智慧增色。长时间交流下来，你会发现，戴眼镜的人不一定多么有智慧，不戴眼镜的人很可能才是那种满腹经纶的人。

因为眼镜具有我们上述的一些烟雾弹的功能，于是，很多人便利用眼镜来伪装自己。在商务场合，眼镜象征着威严和权力，特别是一些有棱边的黑框眼镜。但是，无框眼镜或镜框纤细的眼镜则不会给人留下威严的印象，这些人往往是为了追求一种时尚感。

因此，与人交往时，不要因为对方戴了一副看似威严的眼镜就被表象吓倒，要在心里鼓励自己："我是那个更有智慧的人，他的眼镜只是烟雾弹。"我们自己也可以利用眼镜来提高我们社会交往的效能。例如，当我们在向长辈、上司陈述比较严肃的问题时，我们最好佩戴镜框材质较为厚重的眼镜，这样的装扮会为你树立起"认真踏实的年轻人"的形象。

公文包在诉说着什么

每个职场人士都有一个公文包，特别是销售和服务行业，公文包是和客户见面时必不可少的行头，没有公文包会显得一个人非常不专业。但是公文包绝不仅仅是一个行头而已，它的尺寸和形状等外观特征反映着一个人很多的个人信息。

一个人的公文包很大，说明他负责着纷繁复杂的工作，他需要一个很大的包来塞文件（见左图）；而当一个人西装革履，只提一个小巧的公文包时，他是在告诉别人：我只关心核心的工作，烦琐的工作不是我的任务（见右图）。

首先，一个人公文包的尺寸和他自认为的社会地位有密切关系。如果一个人的公文包很大，说明他负责着纷繁复杂的工作，他需要一个很大的包来塞文件；而当一个人西装革履，只提一个小巧的公文包时，他是在告诉别人：我只关心核心的工作，烦琐的工作不是我的任务。在日常工作中，人们应该将公文包拿在左手，这样便于和别人握手。如果一个人在看见另一个人时，将公文包从右手挪到了左手，则说明这个人准备好了和对方握手。物品位置的变动传递着一个人的内心活动和情绪变化，在社会交往中，我们必须仔细观察这些细节的变化。

人们喜欢用自己的随身物品来伪装自己的情绪，例如，男士喜欢用香烟来掩饰自己紧张焦躁的情绪，而女士则喜欢用香烟传递爱意。

腿部抖动，他在平复心绪吗

假想这样一个情境：一个大公司的会议室里，坐着十几个等待面试的应聘者，大家都很紧张，而只有一个人看着报纸，不停地抖动着腿部，一副悠闲自得的神情。此时，我们常常会想当然地认为他很镇定，由此推断出他是一个很有竞争力的对手。但是事实并非如此，他抖动的腿告诉我们，他内心其实也很紧张，他抖动腿其实是在平复紧张的情绪。

悠闲自得地抖动腿部（见左图），这种姿态表明其内心很平静。但如果腿部表现为幅度较大的“踢动”，则表明其内心不安，有逃离之心（见右图）。

腿部抖动：他很悠闲自得

任何肢体语言的解读都离不开具体的情境。在人们的印象中，抖动腿部是那些内心非常得意、非常享受自己当下状态的人常常做出的动作。当人们处于非常放松的状态时，会有抖动腿部的动作。例如，和朋友坐在一起聊天，或者看着轻松的电视节目时，有抖腿习惯的人会不由自主地抖动起来。

此外，当一个人在某一时刻受到了广泛关注或高度赞扬时，他也会因为志得意满而高兴地抖动起腿来。这时，抖动腿部的快慢和他心情的雀跃程度成正比关系，你会发现随着他情绪的高涨，他抖动腿的速度也会越来越快。

我们还在一种情境中常见到抖动腿的动作，那就是在有背景音乐的地方，特别是韵律感特别强的背景音乐，如在酒吧或者餐厅，随着一些韵律十足的音乐响起，很多人不由自主地抖动起腿来。

抖动腿的动作虽然无伤大雅，但是它会影响别人。如果在听讲座时旁边的人一直在不停地抖动腿，甚至让你坐的椅子也开始晃动，你会产生一种非常强烈的不悦感。这时，如果他是你的朋友，你可以轻轻按一下他抖动的腿示意他不要抖；如果他不是你的朋友，你可以隐晦地告诉对方他的行为影响到了你，例如，你用可以让他听得见的声音说："奇怪，我怎么觉得我的椅子在晃动呢？"

紧张环境：抖动腿部是在安抚自己的情绪

当一个人在等待面试或者等待就诊结果时，如果他不停地抖动双腿，而且双手还不停地在双腿上"弹钢琴"，此时，他的情绪是紧张而不是我们常认为的悠闲自得。他抖动腿部是内心紧张急躁的表现，这样做是为了安抚自己的情绪，此时这个动作其实和不停地吸气吐气的意思是一样的。

在一个面试场合，很多人会被那些看似悠闲的人占了心理上的优势，他们常常自己吓唬自己："他好像很轻松，他是不是很厉害？""他还在听音乐，还在晃腿，说明他已经准备好了。"此时，我们不应该只凭惯常思维来解读对方的肢体语言，应该从助长自己积极情绪的角度来正确解读对方抖动腿部的动作："他也很紧张，看他的腿都在颤抖。""他在听音乐安抚心情，其实没事的，我就不紧张。"很多时候，这种比较式的自我安慰方式可以让自己紧张焦虑的心情迅速得到平复。

腿脚从抖动到踢动说明了什么

有一种说法认为，当一个人在说话时抖动腿部，则说明这个人正在撒谎，其实不尽然，诚实的人和不诚实的人都会抖动腿部。我们应该首先注意观察这个动作的起点和变化点，然后做出判断。

某个刚出道的明星有一次接受记者的采访。刚开始回答问题时，他看似有点紧张，不停地轻摇着自己的腿，但是表情很放松。当记者问到他出道前的一段恋情时，这个欠缺经验的明星跷着的二郎腿突然由摇动变成前后踢动。动作的发生就在一瞬间，但是非常明显，他的脸上也露出了不悦的表情。接着，他否认了这个绯闻。

当然，我们不能因为他的不悦表情和腿部的动作变化就说这个明星撒了谎，但他的表情和动作变化可以告诉我们这个地方有刺激源，也许他已经被问到了很多次，所以再次听到时非常恼火。

行为学家的研究表明，当一个人的腿脚由摇动变为踢动时，说明这个人一定看到或听到了某些让他消极或不高兴的事情。这种行为完全是人的一种自觉行为，是他情绪变化的表现，大多数人都意识不到。

> 当一个人在某一时刻受到广泛关注或高度赞扬时，他会因为志得意满而高兴地抖动起腿来。当他紧张时，他仍然可能会抖动腿。

隐藏手肘的小秘密

当你和别人交谈时，如果对方将手肘暴露在你的视线之内，或者平稳地放在座椅的扶手上，你会感觉到对方很积极、很放松，交流得很顺畅。而假如对方将手臂的大部分放在桌子底下，你只看见他胳膊的上半部分时，你会在心中发问：“他是怎么回事？他有什么想法？”那么隐藏手肘的动作为什么会这么让人不舒服呢？

比起面部表情，手臂会更诚实地传达出内心情绪。手臂放在桌子上，手肘可见（见左图），表明他内心坦诚；反之（见右图），则表明他比平常弱小温顺很多，就像人耸肩，同时收紧脖子的姿势一样。

手肘可见表示坦诚

如果你问举止得体的人际交往高手，在与人交谈时，正确的坐姿和站姿是什么样的，他十之八九会这样告诉你：面带微笑，交流眼神，手肘自然地放在桌子上（坐着时）或胳膊自然下垂（站着时）。在听完高手的点拨后，大多数人都觉得自己对前两点早已了解，但是尚不明白为什么胳膊和手肘的摆放还有这么多学问。原因是，比起面部表情，人的手臂会更诚实地传达出他的内心情绪。

与身体的其他部位相比，大脑对手掌、手肘、手臂有点偏爱，会将更多的精力分配给它们。在表示有力量或给予鼓励时，人们会握紧拳头，从手肘处弯曲手臂；在表示热情时，人们会鼓掌或振臂欢呼；在表示抗议和怀疑时，人们会将双臂抱于胸前。正因为人们了解手臂蕴含的力量，便形成了一种惯性思维：只有别人将可以表达各种情绪的手臂放在自己的视线当中，才表示他很真诚。而将整个手臂都暴露于人们视线中的标志是他的手肘在人们的视线之内。因为手肘是整个手臂的重要着力点，只要手肘暴露在人们的视线中，手臂的其他部分不可能隐藏起来，除非他是畸形人。

一个教形体与礼仪的老师在讲到坐姿时说道：“对方看到你的手肘在他的视线范围内，就会像吃了定心丸一样，他不用担心你是一个有防备心理的人，也不用担心你深埋在桌子底下的手会握紧拳头表示抗议或者伸出中指表示鄙视。”

的确，让手肘暴露在对方的视线之内，可以让对方更放松地与你交谈。但是因为性格的差异，还是有很多人有隐藏手肘的习惯。

隐藏手肘让人看起来没有主见

如果一个人在交谈时将手肘放在桌子上，他整个人看起来是开放的状态，因为他的身体是张开的；而当一个人将手肘放在桌子底下或者紧靠在一起放在自己怀中时，他整个身体看起来是收缩的，他的身体姿势会让人觉得他比平常弱小温顺很多，就像人们耸肩，同时收紧脖子的姿势那样。

如果你隐藏手肘的动作让别人读解为你弱小温顺的意思，那么在交谈过程中，你很可能会处于非常被动的地位，因为这个姿势会让人觉得你非常没有主见，对方不用询问你的意见。如果你在发表意见时隐藏起自己的手肘，对方也会觉得你的意见不可信，因为你在表达意见时并未让对方看到你的自信和底气。

心理咨询师赵医生曾经遇到过这样一个病人，她是一个名叫小叶的文弱女生，抱怨自己在单位常常不受重视："他们常常不问我的意见，好像我不存在一样。即使有时候需要逐一发表意见，我发表的意见也得不到重视。"小叶在说这些话时眼睛里闪着泪花，她的两只胳膊夹紧自己的身体，手肘以下的手臂都放在桌子底下，给人一种战战兢兢、胆小拘谨的感觉。赵医生等小叶哭诉完之后对小叶说："现在你改变一下你的姿势，将手肘自然放在桌子上或者椅子两边的扶手上，肩膀自然放松，腰板挺直。现在我再问你一遍刚才那个问题，你回答看看。"小叶按赵医生的话试着做一遍后，明白了自己的问题所在。在用新姿势回答问题时，小叶感觉自己的声音洪亮了许多，底气足了不少，而赵医生对小叶的看法也改观了许多，觉得这个姑娘很有自己的想法。

仅仅是姿势的改变，将手肘放在对方看得见的地方，改变的不仅是别人对你的看法，更多的是自己发言时的状态。

胆小怕事的人常常隐藏手肘

如果你仔细观察荧屏上的罪犯形象，就会发现罪犯基本上分两种类型："亡命徒型"和"胆小猥琐型"。这两种类型的罪犯经常做出的姿势也是不同的，"亡命徒型"罪犯在警察审问时常常将手肘放在椅子扶手上，背靠在椅背上；而"胆小猥琐型"罪犯则将他的手肘隐藏在警察看不见的地方，整个身体越缩越小。可见，隐藏手肘的人常常给人一种胆小怕事的感觉。

如果你有隐藏自己手肘的习惯，试着将它们放在别人的视线之内，因为胆小怕事而又看似温顺的人在日常交往中常常会遇上很多被动的情形。只须将你的手肘大方地暴露在别人的视线之内，你就会平增许多自信、勇气，何乐而不为呢？

隐藏手肘传达的是一种消极情绪。隐藏起手肘的人会给人一种缺乏真诚、没有主见、胆小怕事的感觉。

捕捉眼球转动的信息

俗话说：“眼睛是心灵的窗户。”要想知道对方心里在想什么，从眼睛这个窗户里仔细观察就可以了。而对方正在看什么，正在想什么，看到什么等信息，我们都可以快速、准确地从对方眼球转动的方向和目光的投向上读解出来。

眼珠转向右上方：在想象某个画面

美国心理学家葛瑞德和班德勒发现眼球的转动能够表现出人们内心所想，他们将其统称为神经语言程序学（Neuro-Linguistic Programming，NLP）。NLP 认为，当一个人在想象或回忆某个画面时，他的眼珠会转向上方。转向右上方和左上方又有不同的意思。

当一个人在想象或回忆某个画面时，他的眼珠会转向上方。转向右上方和左上方又有不同的意思。眼珠转向右上方，表明一个完整的画面正在他的大脑中成形。

如果你询问对方："你能想象你穿上婚纱的样子吗？""你能想象你像刚才那个人一样拥有一头金黄色头发的样子吗？"在你想象这些画面时，你的眼珠会转向右上方，你的脑海中浮现的是你穿上婚纱的样子或者你一头金黄色头发的样子。也许想象中的画面并不一定那么清晰（例如，你穿着婚纱，而旁边站着的新郎的脸却是模糊的），但是画面一般会是完整的，主题就是别人引发你想象的那个画面。如果对方说："你能想象你和某某结婚的场景吗？"这时，你身上穿的婚纱可能不是你想象的画面中的重点，而旁边的新郎却是清晰具体的。当然如果你非常抵触别人让你想象的场景，你的眼球可能不会转动，你也不会去想象那个画面。

眼珠转向左上方：在回忆某个画面

如果你询问对方："你印象中最开心的旅行是哪一次？什么事让你最难忘？"这时，你观察对方的眼睛就会发现，他的眼珠转向左上方，这表明他在回忆某件他经历过的事情，而这些回忆的内容常常以画面的形式出现在他的脑海中。

很快，对方可能会转动眼珠看向你说："最开心的是和爸爸妈妈一起去乌镇，那边的风景特别美，我们都很放松，我们还坐上船穿梭在那些古建筑中，好像走进了画里一样。"这时，他的眼睛发亮，他的脑海里闪过一幅幅图画，他描述的正是这些画面。

如果你询问对方一个事实性的问题，但是这个问题并不是一下子就可以回答出来的，他的眼珠也会转向左上方，回忆那个现实存在的画面。例如，你询问对方："你们公司的会议室有几个窗户？"虽然对方可能在会议室参加过无数次会议，却没有注意过这个细节，这时，他的眼珠会转向左上方，他的脑海中会浮现出会议室的全貌，在回忆之后他会比较准确地告诉你会议室有几扇窗户。当然，这些事实性的问题不能太简单，例如，"你叫什么名字？""你今年几岁了？"在回答这样的问题时，他的眼球很可能不会转动，因为根本用不着回忆就可以回答出来。

眼珠转向左下方：内心在自言自语或者在编造谎言

在一个审讯室里，警察询问犯罪嫌疑人：“事发当天下午两点，你在干什么？”这时，犯罪嫌疑人眼珠迅速向左下方转动了一下说：“我在家看电视。”警察继续问道：“但是两点半的时候邻居看见你开车出去了，这怎么说？”犯罪嫌疑人的眼珠又迅速向左下方转动了一下说：“我突然想起来答应了帮朋友买火车票，我就开车去了火车站。”

眼珠转向左下方表示对方内心活动频繁，他正在内心深处自言自语或者正在编造着谎言。

警察在审讯犯人时常常会通过观察他眼球转动来判断他的内心活动。在上面的审讯过程中，犯罪嫌疑人频频迅速地将眼珠转向左下方，然后再做出回答。眼珠转向左下方表示他内心活动频繁，正在内心深处自言自语或者正在编造谎言，而在上面这种情境下，犯罪嫌疑人显然在编造谎言。

假如你和别人交谈时，你说出了一个观点询问对方是否认同，对方在点头时眼珠迅速转向左下方，说明对方在自己内心深处另有一番评论，他的心里兴许正在嘀咕：“根本就不是这么回事儿。他是怎么回事，怎么会这么想呢？”

眼珠转向右下方：体味某种感觉

如果别人问你：“你知道在寒冷的天气在公交车站等一个小时公交车是什么感觉吗？”你在听到这个问题时，马上就会想起自己的那种经历，而在描述当时的感觉时，你的眼珠会转向什么方向呢？

答案是“右下方”，当一个人在回味某种感觉时，他的眼珠常常会转向右下方。而想象某种感觉时，眼珠的转向也是右下方。例如，别人问你：“你觉得一块冰在手心里融化是什么感觉呢？”你在回味这种感觉时，眼珠会向右下方转动。

当一个人在回味某种感觉时，他的眼珠常常会转向右下方。而想象某种感觉时，眼珠的转向也是右下方。

转动眼球是人类表达心理活动的直观方式。想要判断对方关注什么，其所思所想为何，就应多多注意观察其眼球转动的方向，以及其目光的投向。

抓挠后颈的含义

当别人讲话的声音让你不舒服，或者别人讲了一个非常恐怖的故事时，你是不是有一种汗毛竖起、身上还起了鸡皮疙瘩的感觉？这时，你会下意识地去抓挠你的后颈，这个动作其实是你对自己的一种安慰动作，你想抚平你的不舒适感，安慰自己没事。这时，抓挠自己后颈的动作就像小时候父母怜爱地抚摸自己后脑勺，长大后长辈或上司拍拍自己肩膀的那种安慰感，你想获取的是一种安慰和平衡的感觉。

正常的生理反应

神经学研究专家认为，当人们听到或看到让他不舒服的事情时，他脖子后面微小的肌肉组织会出现凸起状，也就是我们平时在寒冷或者恐惧时看见的自己身上的鸡皮疙瘩。其实这是从远古时代流传下来的。很久以前，我们的老祖先——猿猴身上都长着浓密的毛发，当寒冷或者威胁来临时，毛发就会竖立起来以帮助御寒或者使自己看起来更强大。现在我们还可以从一些动物身上看到这种现象，例如，当两只鸡要对战时，它们的羽毛会竖立起来。

现在，虽然我们经过进化没有了浓密的毛发，但是当我们产生激动、愤怒等情绪时，我们的这些情绪还是会让我们产生生理反应，那就是脖子后面和胳膊上（脖子后面最为敏感）会出现一层鸡皮疙瘩。这时，这层鸡皮疙瘩会让我们有一种刺痛或者发痒的感觉，我们会下意识地用手去抓挠这些鸡皮疙瘩，以消除我们的不适感。

例如，你在排队买票时，前面站着一对情侣，女生一直发嗲地说话，两人不顾旁人眼光做出非常亲密的动作，这时你就会有一种想抓挠自己后颈的感觉。如果是自己认识的人，你可能会边抓挠着自己的后颈边说："肉麻死了，我鸡皮疙瘩掉了一地。"如果对方是陌生人，你抓挠后颈的动作是对这对情侣的过火表现的反感。

自我安慰行为

我们的大脑的边缘系统就像一台计算机，能够接收或保存来自外界的数据，会有意识地将我们经历过的高兴的事和不悦的事记录下来。那些高兴的事会让我们很舒服，那种幸福和满足感就会反应在非语言行为上；同样，当边缘系统感受到不适时，身体就会感觉到压力或不自信，就会颤抖或起鸡皮疙瘩。当边缘系统体验到一段让人不适或充满威胁的经历时，

对方嘴上说“我们没有任何关系”，但抓挠后颈的动作，却可以显示出她撒谎后的不安。

我们的自我安慰行为就会出现，而抓挠后颈就是我们的自我安慰行为的一种。

在一个明星访谈中，一个记者问道："听说×××（该明星的绯闻女友）结婚的消息了吗？"这位明星回答说："没有听说。"说话的同时，他抓挠了一下自己的后颈。

通过他抓挠后颈的动作，我们可以确定的是，这位明星对这样的询问感到紧张，以至于他要在给出答案后进行自我安慰。也许他已经听说了这个消息，也许他在听到这个提问时感到了厌烦或苦恼。这些安慰行为是我们观察别人时应该注意的重点，因为它们能够为我们揭穿谎言或显示出隐藏的信息。

懊恼和歉意的传达

抓挠后颈的动作还在另一种场合经常出现，那就是一个人感觉尴尬和难为情时。例如，当你询问某位同事是否帮你办妥某事时，他可能突然记起，随后抓挠着后颈说："不好意思，我给忘了。"这时，抓挠后颈的动作是对方在表达他的歉意。这个动作虽然简单，却很纯朴和真挚，你会因为对方的这个小动作而感受到他的歉意。

另外，当一个人感觉到非常懊恼时，他也会做出抓挠后颈的动作。例如，公司正在讨论一个策划案，可是大家发完言之后没有一个可取的方案，这时，领导就会抓挠着后颈，一脸不悦地说："今天的会先到这儿，大家回去再修改一下方案，明天继续开会讨论。"这时，领导抓挠后颈的动作是因为他对方案还未定案十分懊恼，要是下次开会还未出现建设性方案，领导可能就要发飙了。

> 当人们听到或看到让他不舒服的事情时，他脖子后面微小的肌肉组织会出现凸起状，也就是我们常说的鸡皮疙瘩。此时抓挠后颈是一种正常的生理反应。

不安的小动作：摆弄衣袖

很多名人因为身份特殊，会常常出现在各种大型场合，如政治人物、电影明星、富商等。他们的一举一动都会暴露在照相机下，即使一闪而过的小动作和表情，也可能被照相机抓拍下来，所以，他们非常希望把自己最好的一面展现给观众，把自己的情绪掩藏得越深越好。即使掩饰得再好，还是会有一些看似很平常的动作泄露了他们的内心情绪，其中一个最常见的动作就是摆弄自己的衣袖。

交叉双臂的同义动作

对于一些名人或不愿表露自己内心的人来说，在他们有防备心理，或者自我保护意识更强时，他们通常不会有交叉双臂的动作，他们会选择其他一些动作来代替交叉双臂的动作。

调整袖口或挽起、放下衣袖之类的动作，是一种在公共场合或重要场合掩饰内心并保护自我的常见做法。

调整袖扣

调整袖扣的动作是一些名人或者高层人士非常习惯的动作，他们常常自然地将袖扣扣上或者解开。看起来这是一个非常普通的动作，但是注意观察我们就会发现，在调整袖扣的时候，这些人弯曲的手臂很自然地就在他们与别人之间形成了一道屏障，这样他们就将易受攻击的胸部和胃部保护了起来，这其实是交叉双臂的同义动作。

挽起或放下衣袖

调整袖扣是一些穿正装的人的习惯性动作，但当这些人身穿休闲装时，他们便不能假装袖口处有纽扣而不停地调整了，这时，他们会选择另一种交叉双臂的同义动作——挽起或放下衣袖。其实这些人并不是因为热而想挽起衣袖，也没有因为感觉冷而有放下衣袖的必要，这一切只是为双臂接触提供一种机会。

触摸手镯、手表等

除了在衣袖上做文章，还有很多看似很自然的动作可以为双臂连接在一起提供机会，那就是触摸手镯、手表、手提包等随身饰品，这能起到使双臂接触的作用，所以也是交叉双臂的同义动作，自我保护意味非常浓烈。我们这里提到的前两个动作是男士经常会做的一些动作，而抓摸饰品的动作，在女士的身上更常出现，也更自然。你常常会看见一些女士有抓摸自己手镯、皮包的动作，这时你可能以为她们是想炫耀这些东西，其实很多时候她们只是内心非常不安，在做着一种自我保护的动作而已。

摆弄衣袖显示他不安的内心

我们前面说到摆弄衣袖其实是一种自我保护的动作。为什么一个人会出现自我保护的动作呢？因为他的内心很不安，这种不安有对外界的不安，也有自己内心的不安。虽然查尔斯王子经历过各种场合，我们看到的荧屏上的查尔斯王子也是谈吐非常得体、表现非常自然的，但是通过查尔斯王子的标志性动作——摆弄衣袖，我们仍然可以看出，在公众面前，查尔斯王子还是会像我们普罗大众一样，感觉到不安。

在一个演讲比赛上，陈蓉非常紧张，她感觉她的竞争对手都非常平静自信，因此更加紧张。这时，爸爸让陈蓉仔细观察一下她的几个竞争者的手部动作。陈蓉发现，等待上台参赛的选手们有一个不停地解开扣上自己的袖扣；有一个不停地转动着自己腕上的手表，还有一个将衣袖向上撸起来撸到手肘以上，又感觉不适往下拉拉……随后爸爸告诉陈蓉，从这些动作看来，大家的内心其实都很不安，所以有一定的紧张情绪在参赛前是正常的。听了这番解释，陈蓉才安心了许多，在比赛中发挥也非常正常。

在日常交往中，如果你要面对大型比赛或者要会见特殊人物，你感觉自己非常不安，这时，为了让自己内心平静一些，你可以从对方身上寻找一些他内心不安的小动作来安慰自己。即使对方是一个刻意掩饰肢体语言的人，他在不安时也会出现摆弄衣袖等小动作。

如何让对方的手停止摆弄衣袖

假如和你交谈的对象不停地摆弄自己的衣袖和饰品，那说明对方内心很不安甚至焦躁。如果对方不停地摆弄自己的衣袖，可能会让你的注意力受到干扰。这时，为了让交谈顺利地进行下去，你应该想什么样的方法缓解对方的不安情绪，让他的双手自如地松开呢？

第一，你可以通过展现自己的紧张让对方放松戒备。人们经常会有一种和对方比较缺点，然后获得心理优势的习惯。如果看到一个比你还紧张的人，你的紧张情绪就会缓解许多；如果你内心担忧体重问题，看到一个比你胖的人，你就会自信很多。因此，缓解对方不安也可以采用同样的方法。

你可以主动跟对方说：“我第一次跟人见面时会比较紧张，所以如果有什么言语不当的地方还请你多海涵。”这时，对方听到你“紧张不安”的表白，他就会放松很多。

第二，你可以先从对方擅长的话题聊起，树立他的信心。例如，先询问对方："你最感兴趣的是什么？""这方面我还真是不懂哩，你给我讲讲。"这样，对方在聊自己擅长的事物的过程中，不安感就会削减许多。

第三，注意选择比较舒适随意的见面场合。例如，灯光柔和的咖啡厅比起公司的会议室更能让人感觉舒适自然。

> 当人们做出调整袖口、不停地挽起和放下衣袖、触摸手镯和手表等动作时，它们代表的意思和交叉双臂是一样的，都是想在自己和别人之间建起一道防护墙。

脚踝相扣掩饰惊慌情绪

根据一些专业调查，在等候法庭审判时，被告常常会做出脚踝相扣的动作，而且被告做出脚踝相扣动作的概率是原告的三倍。我们知道，在等候法庭审判时，被告一般会比原告更加惊慌。由此可见，脚踝相扣是掩饰惊慌情绪的标志性动作，人们好像要通过紧扣的脚踝稳定住双腿使其不至于颤抖。

男人和女人脚踝相扣的不同姿势

如果你注意观察就会发现，男人和女人脚踝相扣的姿势是不同的。男人在紧扣脚踝时，他们的双腿往往是分开的，他们常常会紧抓着椅子扶手，或者说将屁股坐在椅子的前半部分，后背靠在椅背上，突出胯部；而女人则习惯在紧扣脚踝坐着时，将两腿之间的缝隙减到最小，同时将双手交叉或一只手抓住另一只手，两手自然地放在大腿上。

由不同的坐姿我们可以看出，男人即使在惊慌时也会尽力做出让自己显得男子气概十足的坐姿，这样也是为了使自己更加自信。

而女人则更容易暴露出自己的情绪，因为交叠在一起的双手和紧扣在一起的脚踝使原本体格就较小的女性看起来更弱小，其中的惊慌情绪不言自明了。

容易出现脚踝相扣的场合和人群

研究者发现，不同场合出现脚踝相扣者的概率是不一样的。在医院、法庭和面试场合，人们常常会做出脚踝相扣的动作。女性和男性比较而言，女性比男性更容易做出脚踝相扣的动作，这说明女性比男性更容易产生紧张的情绪。

做了 20 年面试官的张先生说，大部分面试者在面试时都会做出脚踝相扣的动作，有可能在面试刚刚开始时，也可能在遭遇到比较棘手的问题时。当做出这一动作时，说明面试者正在努力抑制、掩饰自己紧张的情绪。“但是从他们‘紧咬双唇’‘加快语速’‘偶尔结巴’等迹象还是能看出，他们虽然极力通过紧紧扣住脚踝让自己镇定下来，但是他们的内心还是很紧张的。”张先生说道。

资深记者陶陶也在采访过程中发现，当问到采访者某些比较敏感的问题时，他会变换自己的坐姿，同时下意识地将自己的坐姿调整到脚踝相扣的状态。陶陶说：“当看到这个姿势时，你就可以知道他此刻的内心很不安，他已经有了做出让步的打算，但是仍然在努力克制自己做出这一决定，他紧扣的脚踝像是要阻止自己迈出这重要的一步。这时，只要用合适的方法让对方打开脚踝，我就基本上大功告成了，那时我就往往能听到自己想要的答案了。”

如何让对方松开相扣的脚踝

在对方脚踝相扣时，他的情绪是紧张的，因此他会努力制止自己讲真话。要想使得双方能积极交流起来，我们就必须运用一定的方法让对方松开自己的脚踝。

当看到采访对象脚踝相扣时，资深记者陶陶说她的应对策略是：

通过积极的问题让对方的情绪积极乐观起来，然后通过恰当的提问技巧引导对方松开脚踝，说出自己的真心话。

某年年底，一名记者去建筑工地采访农民工，想了解农民工的生活状况。记者进入农民工的宿舍以后发现几个等待受访的农民工坐成一排等着他。他们虽然面带微笑看着记者，但是记者发现这几个农民工的脚踝始终紧紧相扣，并且努力往椅子低下塞。记者问农民工："今年你们的工资都按时发了吗？"几个农民工立刻回答："发了！按月发的。"虽然他们的表情和语气都很让人信服，但是他们的回答和他们的肢体语言自相矛盾，他们的脚踝始终紧扣，而且在回答完问题后都将目光下意识地投向站在门口的监工。记者借故将监工支开，再次问几个农民工："工资真的都发了吗？孩子来年的学费、家里的生活费都没什么问题了？"几个农民工沉默了一会儿，有几个人松开了脚踝，将原本紧握住的手掌也舒展开来，其中一个农民工答道："实际上，我们工作了一年，只发了三个月的工资！"他告诉记者，上面的领导让他们按要求回答问题，否则在回家前就领不到工资。因为监工是他们眼中的"绝对上级"，所以在监工在场时，几个农民工都保持脚踝相扣的坐姿。

> 当询问对方问题时，如果他回答时伴随着脚踝相扣的动作，那么十之八九他会说谎。先想办法让他松开脚踝，才能得到他发自内心的回答。

头部传达出什么信号

当我们还是孩童时，如果遇到我们不同意的意见或者在我们不喜欢的食物面前时，我们会将头摇得跟"拨浪鼓"一般。而当我们同意别人的观点时，我们又会频频点头。这些头部动作是我们经常会做的，如果花点时间去看周围的人，你会时不时地看到这些动作。了解丰富的头部动作代表的深意，对于我们了解别人和控制自己不当反应非常重要。

点头“Yes”摇头“No”

最基本的头部动作是我们人人都在用的点头表示肯定，摇头表示否定的动作。一般情况下，这两个基本的头部动作的表意就是我们惯常以为的意思，但是有些时候点头并不表示肯定，摇头并不表示否定。

很多时候，人们会配合头部动作来撒谎。例如，你正在提款机前等待，前面的人刚走，突然旁边插进来一个人站在了提款机前。你生气地问他道：“难道你没看见我在排队吗？”这个人摇摇头说：“没有，这里平时没有人排队，我以为你只是站在旁边。不好意思，我已经把卡插进去了，可不可以让我先来？”听听，这是多么让人信服的谎言，尤其他在边否定时还边配合着摇头的动作，这让他的谎言看起来更加可信。

但是，如果你仔细观察就会发现，人在说谎时常常会露出马脚。例如，像这个“礼貌”的插队者，他在摇头表示没看见你排队时，下意识地会有一个头部停顿并微微点头的动作，这表示他其实看见了你排队。如果对他在表示否定时先微微点了一下脑袋，那说明他本来的答案是肯定的。在潜意识控制下，他先会有一个微微点头的动作，然后才会在主动意识控制下做出摇头的动作。

歪头看着别人表示什么

当你询问别人近况怎么样时，他说：“我离婚了。”你惋惜地说：“啊，真的吗？真遗憾。”在说这些话时，你可能没发现，这时伴随你的话语，你会有一个歪头的动作，此时这个歪头的动作表示惋惜之情。人们常常在表示惊讶、遗憾、嗟叹之情时会出现歪头的动作。但是换一个场景，歪头的动作则表示另一个意思。

倾听者歪着头，那表示："真的吗？很遗憾听到这个消息。"

如果你是一个演讲者，你会非常愿意看到下面的听众歪着脑袋倾听的动作，因为这个动作表示的意思是对方正在全神贯注地倾听你的演讲。因此，在听别人讲话时，为了表示倾听的专注程度，除了有专注的眼神，很多人还会将歪头的动作加进去，这样就会使其认真倾听的动作更加可信。所以，你面前那个眼神专注、歪着脑袋的人并不一定听得有多认真，不信你可以拿刚才你讲的一个细节来问问他。

除此之外，歪头的动作还表示怀疑。例如，你发表了一个观点，对方歪着头想了想，然后点了点头。这时，对方可能同时运用了两个假的头部动作来给你反馈。首先，歪头思考表示对方怀疑，此时对方又很快点头，但是没有恍然大悟的感觉，那说明对方只是姑且表示认同你的观点。

摩擦前额：举棋不定

当两个人下棋时，一个人在举着棋子思考时，常常会伴随一个动作：不停摩擦自己的额头。这就是"举棋不定"的场景。在其他场景中，当一个人出现摩擦前额的动作时，表示的也是他犹豫不决，或者感到某种不适的意思。

例如，你询问主管关于这次产品策划的决定，主管摩擦着前额说："我回头再找你讨论。"虽然主管没说出他的决定，但是他摩擦前额的动作说明他尚未做出决定，或者在做决定的过程中遇到了让他很挠头的问题。

所以，在日常交往过程中，如果你询问对方问题时，他出现摩擦前额的动作，那就说明对方尚未做出决定，或者你询问的问题让他感到不舒服。这时，最好的应对策略是不要紧逼他，要给他思考和缓解不适的时间。

拍击头部：表示懊悔和自责

这种情景你在现实生活中可能遇到过。你告诉朋友他在某件事情上做了错误的决定，他听了你的话后意识到了自己的错误，这时，他会不停地拍击着自己的头部说："没脑子，没脑子。"他拍击头部的动作表示出了懊悔之意。

人们会因为自责而拍击自己的头部，这个动作传达的是歉意，它的意思是：对不起，我太没脑子了。

此外，人们还会因为自责而拍击自己的头部。例如，对方本来答应要帮你买某样东西，但是你转天向他要时，他才突然记起，然后他可能会一边说"不好意思，对不起"，一边拍击自己的前额。

在拍击头部表示懊悔和自责时，动作者其实是想用责打自己的方式表示懊悔和歉意，但是拍击头部的位置不同，表达的懊悔和歉意的真诚程度也就不同。一般来说，如果对方拍打自己的前额，则说明他对自己的健忘和错误并不是特别在意，他只是想让你认为他很在意；如果对方拍打自己后脑勺或者后颈部，则说明你的提醒让他神经敏感的头皮和后颈起了鸡皮疙瘩，所以，此时他是真的在责打自己，同时他心里充满了愧疚情绪。

当一个人用拍击头部的动作表示懊悔和自责时，拍打自己的前额说明他并不是真的懊悔，拍打自己的后脑勺或者后脖颈才说明他是真的在责备自己。

渴求安全感：抓握式的双臂交叉姿势

前面我们已经讲过了两种双臂交叉的姿势：双臂交叉于胸前的姿势和握拳式的双臂交叉姿势，相信大家还记得这两个双臂交叉姿势分别带给人的防御意味和明显敌意。其实但凡是双臂交叉动作都有一个共同的意思：防御意识。但是，随着一些细微的手部动作的差异，双臂交叉姿势又表示不同的意思。例如，当人们内心渴求安全感时，他们会做出抓握式双臂交叉姿势。

不安和紧张情绪的诉说

抓握式双臂交叉姿势和其他双臂交叉姿势的不同之处在于，当人双臂交叉抱于胸前时，他的两只手会互相紧紧抓住另一只手的上臂，这个姿势比其他双臂交叉的动作看起来更有力量，更能起到保护胸部的作用。

双臂交叉抱于胸前时，两只手互相紧紧抓住另一只手的上臂。这个姿势表明，对方内心很不安和紧张。

一个大公司遭遇了重大的财政问题，媒体很快得到了这个消息，很多记者围在公司的前台要求采访公司老总。秘书来到老总的门口，看到老总将双臂交叉于胸前，两只手互相紧紧攥住另一只手的上臂，他的手指部分甚至看得出泛白，说明他使出了很大的力气。

从这个动作来看，这个公司的老总此时内心非常不安和紧张，他很可能还未想出应对之策，此时他极度需要被保护，免受这场突如其来的灾难的打击。这个姿势从另一方面来说是动作者对自己的一种宽慰和安抚，像是在告诉自己："不会有事的，不会有事的。"

抓握式双臂交叉姿势代表的是一种紧张、消极、抗拒的心理。因此，假如你是一个销售人员，在销售过程中，如果你的顾客出现了抓握式双臂交叉的姿势，那就说明他没有购买你产品的意思，甚至他对你的介绍产生了抗拒心理。这时正确的应对方法是让他有独立自由地挑选商品的时间，这样在一个相对不被干扰的环境中，他可能会做出购买的决定。如果你继续不厌其烦地向他介绍你的产品，他可能会因为感觉被你烦扰了而放弃购买产品，甚至当即暴怒也说不定。

如何卸下交谈对方的心理防线

此外，抓握式双臂交叉动作还可能出现在双方的交谈过程中。假如在你和对方的交谈过程中，对方出现了抓握式双臂交叉动作，你该如何去解读对方此时的心情，并且进一步使对方放松心情，松开双臂呢？

如果在交谈之初，对方就做出抓握式双臂交叉的动作，那就说明对方对和你的交谈有一定的心理负担。例如，他可能因为某些不实传闻认为你不好交流，或者觉得你高他一级让他有心理压力。这种情况的出现常常是你处于一种比较强势的地位导致的。这时，你要通过平易近人的讲话方式让对方感觉到平等；通过幽默风趣的语言让对方融入交流情境；通过丰富生动的肢体语言调动起对方交流的热情。你必须做足功课让对方松开双臂，否则无法进行比较严肃认真的交谈，因为和一个缺乏安全感的人交谈是听不到他发自内心的声音的。

如果在交谈过程中，对方出现抓握式双臂交叉的动作，你要立刻停下来当即解决当时产生的问题。对方做出抓握式双臂交叉的动作可能是因为你刚才的某个观点或者话题触犯到了他的敏感神经，你必须在脑海中回顾刚才的交谈内容，找出症结所在，采取一定的弥补措施，然后继续交谈。否则，对方的抵触情绪可能会让你们后面的交谈毫无效率。

> 抓握式双臂交叉姿势是一道坚固的防线，如果无法突破它，任何交流都是徒劳的。但是一旦让对方在你的面前卸下心理防线，他将是值得信任的。

自我拥抱式的抱臂方式：宣泄紧张的情绪

小时候，当我们被父母惩罚，一个人被关在屋子里时，我们常常会躲在屋子的一角，紧紧地抱住双腿，以此姿势来拥抱自己，给自己一些安慰。当我们长大后，在社交场合中产生紧张情绪时，我们还会拥抱自己，只是姿势发生了变化，而且男性和女性的自我拥抱姿势有了一定的差别。

女性自我拥抱：单臂交叉抱于胸前

长大后，当女性感觉到紧张情绪时，她不再坐在墙角抱住自己的双膝哭泣，她学会了掩饰自己的紧张情绪，转而用另一种比较不易察觉的姿势来进行自我拥抱。她会将单臂抱于胸前来拥抱自己，也就是用一只弯曲的手臂抓住另一只手臂。

仔细观察你会发现，很多女性在和男性交谈时都会做出单臂抱于胸前的动作，这个姿势让女性将自己和面前的男性隔开，使她一

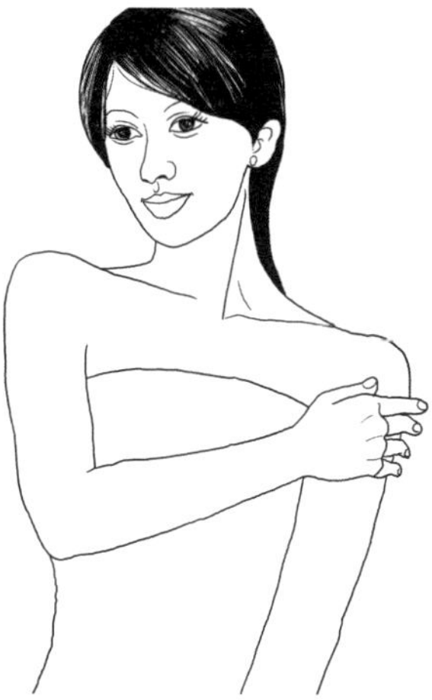

经常做出这个姿势的女性对人有比较强烈的防御意识，特别当交往对象是男性时，这种防御意识更强。当男性稍微靠近她时，她甚至会下意识地退后一步。

定程度上将自己置于一个比较安全的范围内。一般来说，经常做出这个姿势的女性对人有比较强烈的防御意识，特别当交往对象是男性时，这种防御意识更强。当男性稍微靠近她时，她甚至会下意识地退后一步。如果你是男性，在和这类女性打交道时，一定要注意遵守社交礼仪，甚至要将安全距离适当拉长一些，否则你可能会冒犯到对方。

陈卓是一个社会活动家，他说他碰到的女强人在说话时都有一个习惯性的动作——单臂抱于胸前。陈卓说："这个姿势可能比双臂交叉更加女性化一些，我觉得在说话时做出这种姿势的女性自我感觉都非常'良好'。"

如果人们在看到女性摆出这个姿势时，将其读解为"自我感觉良好"之意，那说明女性成功地利用这个姿势掩饰了自己的紧张情绪。其实在严肃紧张的公众场合发言，或者和异性交往时，女性比男性更容易产生紧张情绪，这时，她就会做出单臂抱于胸前的动作，以此来告诉别人：我自我感觉很"良好"。

男性自我拥抱：护短式握臂姿势

如果说女性的敏感部位在胸部，那么男性的敏感部位则在他的生殖器部位，因此男性的自我拥抱动作就是保护他的敏感部位。他常常将双手在身体前方握住，然后自然下垂，双手自然下垂的位置往往刚好让他护住下体关键部位，我们称为"护短式握臂姿势"。

回想很多电影场景，即使百战百胜的将军，在演讲台上或在

将双手在身体前方握住，然后自然下垂，而双手自然下垂的位置往往刚好护住下体关键部位。这就是“护短式握臂姿势”，也是自我保护的表现。

阅兵时，都会做出护短式握臂姿势。男性这个惯用的自我拥抱姿势往往是在着力保护他认为自己最脆弱和最易受攻击的部位。当一个人产生紧张感和危机感时，他首先护起的是他认为最易受攻击的部位，就像天上突然落下危险物时，我们会下意识地抱住自己的脑袋一样，人们下意识地通过自我保护的动作使自己的紧张情绪得到一定的缓解。

如果现实生活中要找到男性的自我拥抱姿势，我们可以在公交车站看到。一些西装革履、提着公文包的上班族会在等车时两手提着公文包自然垂于身体前方。当他们光鲜的衣着引起一些人的注意时，他们会感觉到紧张和不安，于是“护短式握臂姿势”悄然出现。

向对方张开友好的双臂

在面对通过自我拥抱式的抱臂方式来缓解紧张情绪的人时，最好的缓解对方紧张情绪的办法是，主动向对方张开友好的双臂。当然，我们这里说的张开友好的双臂并不是指主动去拥抱对方，而是指开放的、信任的说话姿势。

如果我们在和别人交谈时，主动张开双臂，手心向上，言语热情而诚恳，那么对方就会在交谈过程中慢慢松开双臂，因为随着他的紧张情绪的消失，他的自我拥抱姿势也就失去了必要性。

当然，如果你和对方有了一定的交情，而且对方是比较开朗的外国人，一个亲切友好的拥抱会帮你化解一些紧张和尴尬的气氛。

> 人们喜欢通过自我拥抱式的抱臂方式来缓解自己的紧张情绪。能缓解对方紧张情绪的办法是主动张开自己友好的双臂，去和别人握手、拥抱。

总　结

很多人都非常会伪装自己真实的内在情绪，但是无论怎么伪装，一些无意识的肢体动作和表情还是无法控制的。在这一章中，我们讲到了很多觉察别人内心世界的小动作和微表情，这里我们再来温习一下。

1. 人们在害羞、尴尬、情绪激动时都可能会脸红，具体属于哪种情况，我们要根据具体情境做具体分析。

2. 紧握双手是一种自我安慰的动作，它其实是动作者借此在信心不足时给自己打气，他的内心可能因为遭遇了挫折而十分紧张和焦虑。

3. 吸烟者通常都喜欢用吸烟来安抚和掩饰自己的不安情绪。

4. 人们通常认为抖动腿部是悠闲自得的标志，实际上，很多人会借这个动作来平复自己焦躁不安的内心。

5. 将手肘暴露在别人的视线之中，是一个人真诚坦露内心的表达；如果一个人隐藏起自己的手肘，说明他很没有主见或者生性非常胆小怕事。

6. 当想象某个画面时，人的眼珠会转向右上方；当回忆某个画面时，人的眼珠会转向左上方；当体味某种感觉时，人的眼珠会转向右下方；当在内心自言自语或者编造谎言时，人的眼珠又会转向左下方。

7. 抓挠后颈是一种自我安慰动作，它说明此人此刻内心可能十分焦虑不安。

8. 当人们感觉非常不安时，会不停地摆弄衣袖、调整纽扣、触摸手表。

9. 做出脚踝相扣动作的人在内心深处非常惊慌不安，他想借由该动作来稳住自己的身体。

10. 双臂交叉抱于胸前的动作有强烈的个人防护意思。当一个人双臂交叉，两只手互相抓住另一只手的上臂时，说明他内心的戒备感非常强烈，他非常渴求安全感。

11. 自我拥抱式的抱臂方式是人们缓解紧张情绪的法宝，也是一种自我保护的动作。

第6章 谁会处在受支配的地位

在一个商务场合，你看见两个交谈的人，一个人仰着脖子说话，另一个身体微微前倾着说话，由此你就可以判断出前者是上司，后者是下级，或者后者有求于前者。因为前者的肢体动作非常强势，而后者的肢体动作有敬畏和讨好之意。即使不说话，我们也能通过一些肢体动作观察出一个人是处在受支配的地位还是有控制别人的信心和力量。

显示自己主导地位的“圈地”姿势

如果仔细观察你会发现，演讲者很喜欢在演讲的同时挥动手臂。我们会认为这是演讲者在传递热情，其实，这是演讲者用以声明其主导地位的姿势。伸出食指聚集听众的目光，挥动手臂吸引听众的注意力，双手伸展占领一定的“领地”，这些都是在演讲中演讲者显示自己主导地位的姿势。

手指张开且指尖按于桌面

还记得小学时课堂上那个威严的数学老师讲课时的习惯姿势吗？他总是将两手支撑在桌面上，手指张开且指尖按于桌面，一边抑扬顿挫地讲着课，一边将目光投向某个正在做小动作的学生。在这个情境中，老师不可侵犯的威严从他两只手支在桌面的动作和他严厉的目光中表露无遗。

手指张开且指尖按于桌面的动作是一种重要的表达自信和权威的动作，它在一些商务会议中非常常见。一些位高权重的人总会在演讲过程中双臂伸展，将双手支在桌面上，显示自己目前处于主导地位，他展开双臂圈起的区域就是他的“领地”。

在一个公司的策划会上，主策划人汤姆在描述整个策划案时一副胸有成竹的样子，讲到有些细节时，汤姆眼睛放光，手臂下意识地扩展开来。当一个同事问道：“这个策划案你进行试点调查了吗？”这时，汤姆立刻收回了双臂，答道：“事情是这样的……”原来，汤姆为了节省成本并未进行试点调查，而随着他的自信心和主导意识减弱，他支在桌面上的双手会收起来或者两手圈定的范围会减小。

桌面上双臂的扩张运动

有很多人在坐着时常常将双臂放在桌面上，手肘以下的臂部自然贴于桌面。而在两个人的交谈过程中，你会发现有些人放在桌子上的双臂动作在发生着变化，这种变化往往体现着他变化的内心。

有丰富销售经验的袁祥非常善于观察客户的肢体动作，往往能从对方细微的动作变化中读解出客户变化的内心世界。“单凭客户放在桌面上的双臂的扩张或收缩动作，就可以看出他此时内心是强势的还是顺从的。”袁祥非常认真地说。

有一次，袁祥在和一个客户洽谈的过程中，发现客户在和他谈话的过程中双臂慢慢扩张，伴随着手臂的动作，客户的语气也越来越坚定。由此，袁祥判定面前的这个客户是个非常自信的人，而且他对自己的产品也有非常强烈的自信，他通过打开自己的双臂占领更多的空间，来显示越来越强势的态度。

放在桌子上的双臂大幅度打开（见左图），表明对方的心理较强势；但如果放在桌子上的双臂慢慢收缩，则表明对方的心理优势正在丧失（见右图）。

假如在交谈过程中，一个人的双臂由打开状态慢慢变为收缩状态，那说明他的自信心和心理优势正在减弱，这时如果你正在和他进行谈判，你可以趁热打铁，敲定对你比较有利的决议，这时他的自我意识比较弱，很容易认同你的决定。

手指张开且指尖按于桌面的动作是一种重要的表达自信和权威的动作。如果他的双臂慢慢扩张，则说明他心理越来越强势，他不由自主地开始了“圈地运动”。

压低眉毛的用意何在

小时候，几个姐妹不肯指认谁打破了父亲的宝贝花瓶，父亲就会压低眉毛，微眯眼睛，用他严厉的目光看着几个小孩，用低沉的声音问道：“究竟是谁打碎了我的花瓶？”这时，父亲压低眉毛的动作使得他看起来更加严厉，而犯错者常常会在恐惧心理作用下自动出列。因此，压低眉毛是表示严肃和生气的动作。

压低的眉毛中透露着威严

当领导在训斥下属时，他总是脸上阴云密布，眉毛故意压低，而压低的眉毛让犯错的下属觉出领导的威严和不悦之情，这样的批评才更有强度和力度。试想如果一个领导睁大眼睛，眉毛上挑看着一个下属指出他的种种不是，在下属看来，领导只是在轻描淡写地指正他，他不会觉得领导的话有

压低眉毛的男士，给人的感觉总体上的是威严的，而且忧郁的，因而这种人给人的感觉也是非常认真的。

多少威慑力。

塞姆是一家大公司的项目专员，由于公司人手紧缺，塞姆同时参与了两个项目。这天，A项目负责人来到塞姆面前，将一份文件扔到塞姆的桌子上说：“看看，我用红笔勾出来的都是你出错的地方，怎么做工作的。”说完A项目负责人气冲冲地走了。但是A项目负责人当着同事的面直接指责塞姆的行为让塞姆产生了逆反心理，他对A项目没有了往日的工作热情，在讨论问题时也甚少发言提出创新的点子（要知道，塞姆平时可是“点子大王”）。而相反，B项目负责人是一个不苟言笑的人，他在和塞姆讨论重要问题时总是压低着眉毛，眼神非常专注，可以看得出他十分认真地在思考和解决问题，这让塞姆心里由衷地对B项目负责人有一种敬畏感，因而成了他的左膀右臂，最后在他们的精诚合作下，B项目获得了非常好的成绩。

由此可见，压低眉毛的领导给下属威严感，会在他的日常领导过程中给他带来不小的好处。如果男人想平添一种威严感，有一个简单的方法是去修剪眉形，把眉毛修得更低，让眼睛显得更窄。想想经典银幕形象包青天，他给人以威严感仅仅是因为他额头的那个弯月吗？答案是否定的，震慑人心的还有他那一对压低的眉毛。

压低的眉毛中隐藏着忧郁气质

压低的眉毛除了能给人以威严感，还能给人增添一种忧郁气质。美国第35届总统约翰·肯尼迪的眉毛有着平缓的弧度，眉尾保持着向下延伸的形状，这使得他看起来有一种忧国忧民的气质。较低的眉毛透露的威严和忧郁的气质，容易获得选民的好感。无独有偶，美国总统奥巴马也生来就有一对压低的眉毛。

拿奥巴马和麦凯恩的眉毛来对比，奥巴马的眉毛下压给人以威严感，而麦凯恩的眉毛上扬，给人一种温顺有余而威严不足的感觉，看起来更像一位慈祥的老者。这也许是他当年竞选总统输给奥巴马的原因之一吧。

> 美国著名影星马龙·白兰度有一对低压的眉毛，所以无论是他早期在《欲望号街车》中的反面形象，还是他老年时在《教父》中亦正亦邪的形象，人们总能从他那低压的眉宇间看出那种侵略性和攻击性的味道。

强势的目光，威慑你的内心

如果要让你来描述你见过的各种震慑内心的目光，你可能会将喜欢的女孩的目光形容为“温柔似水”；将专注认真的目光形容为“炯炯有神”；将悲伤者的目光形容为“哀怨凄迷”。除此之外，还有一种目光是我们不愿意去想的，因为它总给人恐惧的感觉，那就是如刀似冰的威慑你内心的强势目光。

“终结者”的威严凝视

在电影《终结者》中，那些终结者们的威严凝视，让人有一种后背发凉的恐惧感觉。这些妄想控制人类的智能机器人，他们在看着攻击对象时，面部冷漠，眼睛死死盯着对方的眼睛，有一种肉食动物在袭击猎物前的眼神，贪婪而又恐怖。

在日常交往中，如果看到一个人露出威严凝视的目光，不管他是盯着人看还是盯着某样东西看，他的目光总会让人觉得他想跟对面的人一决高下，占有或破坏对面事物的感觉。当你看到一个人的眼中出现终结者的目光时，千万不要去激怒他，也不要去戏谑他，否则可能会造成无法想象的可怕后果。“终结者”的目光往往可能是“终结性”举动的预警信号。

训练威严的目光

升为项目经理的山姆非常烦恼，因为他虽然升到了项目经理的职位，但是他的话在团队里没有什么影响力，因为他生性非常乐观开朗，生来一张娃娃脸，即使他很严肃地指出下属的某个错误，下属也会嘻哈着一笑而过。有时山姆觉得自己已经非常严肃地批评下属了，可是回头再看挨批者，一点都没有痛改前非之意。为此山姆苦恼不已，不知道如何才能提高自己作为上司的威慑力。其实有一个快捷又有效的方法，那就是训练威严的目光。

当你受到别人的攻击或者别人无视你的权威时，尝试不要眨眼，目不转睛地盯着对方的眼睛，同时有意识地压低眉毛。只要你一直严肃地盯着对方的眼睛，盯到对方转移目光还不放过他，他的心里就会发毛甚至发怵。很多人的目光没有威慑力的原因是，当别人盯着他的眼睛时，他总是先移开目光的那一个，这就在气势上输给了对方。如果你想让你的下属感觉到你的威严，你可以用威严的目光从他们身上一一扫过，然后再将目光停留在那一两个一直盯着你的死硬分子身上，战胜他们的目光，这样看到你目光的人就会产生恐惧的感觉。

训练威严目光，可以随时在有镜子的地方进行。例如，每天早上出门和晚上睡觉前对着镜子训练几分钟，试着假想一个让你生气的场景，然后用威严的目光凝视着镜子，这样不久以后，你就可以用威严的目光震慑住别人了！

长久的凝视可以激发亲密的情感

如果不是威严地凝视着对方，而是有感情地凝视着对方，产生的效果则会完全不同，这样的长久凝视可以激发亲密的情感。

相了十几次亲，刘璇终于找到了让自己动心的男友。之前父母和朋友都觉得有好几个人的条件都不错，而刘璇就是对这几个人没感觉，直到后来刘璇和现任男友见面时，她才真正动心了。这个小伙长相很普通，口才也不是很好，但是在和刘璇讲话时，他总是专注地看着她的眼睛。当两人走在街上时，看到有趣的景象，男人总会转头看着刘璇，然后两人会心一笑。即使交谈中出现空当时，两人总会自然地凝视对方，然后笑一笑。就是这一次次的凝视，两人的关系越来越近，最后很自然地走到了一起。

在生活和工作中，积极的目光交流会产生良好的效果，长久的凝视可以激发亲密的情感。很多人经常面试失败、推销失败，他们应该自我检讨一下自己是否有躲避别人目光的习惯。

在推销或面试场合，如果从见到对方的第一眼开始就始终和对方保持积极的目光交流，这样持续20秒，推销和面试的效果会很好。

传达支配意味的动作：双腿叉开

无论是坐姿还是站姿，叉开双腿，都能使人的身躯看起来更加挺拔。叉开双腿站着演讲的人比双腿并拢站着的人要显得自信威严得多。其实叉开双腿也是一种强烈的信号，显示出他的态度较为强硬，有抢占支配地位的意图。

从立正的姿势到双腿叉开的姿势，对方是在有意凸显自己的男人雄性气概。

叉开双腿可以占领更多的领地

如果我们仔细观察银幕上一些执法人员和军官的站姿就

会发现，他们总是双手背后，双腿叉开。显然，他们已经习惯了占领统治地位。

如果你面前站着的是一个身材比你高大魁梧的人，你们要同台竞技，可是你底气不足，这时，你可以适当将双腿叉开，占领更多的“领地”，这样你就会在心理上获得一定的优势。身形上的“自我扩张”会让你觉得自己魁梧了许多，因而斗志也会增强许多。

吴良是一名退役军人，退役后他来到一个大城市，应聘一家大公司董事长的私人保镖，应聘者大多是身材高大魁梧，而且有深厚武术功底的人，跟这些人相比，身高1.75米的吴良并不占什么优势。但是吴良双腿叉开、抬头挺胸、目光坚毅地站在那儿，这个站姿让董事长一眼就相中了吴良。在了解到吴良多年从军的经历后，吴良又获得了加分，很快吴良就被录用为董事长的私人保镖。吴良之所以能够获得成功，不能不说他有气势的站姿是敲门砖。

注意对方双腿的状态

在人际交往中，如果和你聊天的人本来是呈双腿并拢姿势的，可是在谈话过程中，他并在一起的腿的动作发生了变化——从并在一起到叉开，这时，对方动作的变化说明他对你产生了强烈的敌意。

Lucy是一家外贸公司的业务员，善于和男客户打交道，因为他们做事比较爽快，而且出于礼貌，他们常常会让着女士。有一次洽谈业务时，Lucy又碰上了她擅长应付的男性客户，Lucy像往常一样，在摆明了自己立场之后，看到客户很自然舒适地跷着二郎腿坐着，好像没有什么异议，Lucy便顺理成章地按照自己的步骤进行合作细节的讨论。这时，对面的客户的腿部动作发生了变化，他原来舒适地交叉着的双腿叉开来，双臂交叉抱于胸前。可是Lucy没有意识到客户肢体动作的变化及其意义，一直在激情澎湃地发表着自己的看法。

结果可想而知，这单生意没有谈成，原因是客户对于Lucy的提议和介绍心存异议，而 Lucy 没有给对方发表意见的机会，甚至后来在对方表示出很强势的肢体动作——叉开双腿表示反对时，Lucy 没能及时缓解对方的不良情绪。假如 Lucy 在看到对方表示支配意味的双腿叉开动作时，能及时询问对方的意见，并和对方进行细节上的协商，洽谈的结果可能会好很多。

> 很多哺乳动物，在感到有压力、烦恼和受到威胁时都会强化自己的领地意识。而人类叉开双腿是最明显、最容易被识别的“捍卫领地”的行为。

争取主动权：握手时将手掌翻转

握手是祖先留给我们的一种交流方式，是表现出友好和诚意的一种方式。你首先向对方伸出手臂，摊开手掌，就告诉了对方你手中没有武器，你是完全坦诚的。目前，握手已经是国内最通行的相见礼节。从某种意义上来讲，它也是国际交往中最常见的礼节。那么，你知道简单的握手动作蕴藏着多么不简单的实施技巧吗？要知道，握手时掌握了技巧，你可以轻松争取到主动权。

谁该先伸出手

虽然握手是见面时非常常见的一种问候方式，但是它其中蕴含着许多颇有讲究的社交技巧，如果掌握不当，你的手先伸出去了，可能是不合礼仪的。那么，两人见面时，究竟该谁先伸出手呢？

我们知道，在介绍双方时，应该是位高者居后，即地位高的人后介绍，而握手时的顺序却恰恰相反，是位高者居前。也就是说如果你的见面对象是比你地位高的人，应该等他先伸出手来你再伸手。作为下级或后辈，你不应该贸然先伸手，否则会被视为没有礼貌。而假如是男士和女士见面，一般先由女士伸手。当然，假如你是一位女士，万一碰到一位男士冒冒失失地先向你伸出了手，你也应该礼貌地回握，别让对方的手停留在半空中造成尴尬。

李先生和张小姐在一个社交场合见面，张小姐地位高，是后被介绍的。那么，接下来，两人是否愿意继续深入认识，愿否交换名片，决定权在张小姐。如果张小姐只是淡淡地打声招呼，而李先生却上去攀谈并要名片，就会给人一种不懂社交礼仪的感觉。所以，假如你是李先生，即使你再着急，也应该沉住气，把主动权交给面前的这位地位高于你的女士。

翻转手掌，主动权在握

我们前面说过，在交谈时，手掌掌心向上放在桌子上，表明这个人非常真诚、顺从。如果一个人掌心向下放在桌子上，则是一种表示自信和权威的意思。同样，在见面握手时，掌心向上和向下也传达出与上面类似的信息，两只握在一起的手，掌心向上者是比较恭顺的一方，而掌心向下者是强势和权威的一方。因此，在和对方握手时，如果你想掌握主动权，在两只手握在一起那一刻，翻转你的手掌，使你的掌心朝下！

握住对方的手时翻转你的手掌，手心向下，将对方的手压在底下，这样对方就会感觉到你的强势，此时翻转的手掌不一定要水平压住对方的手掌，只需要将对方的手稍微压低，让你的手处于上方即可。

如果握手的双方是两个男性，而且都是比较强势的男性，那么翻转手掌的动作可能会引起小小的“暗战”。如果对方是长辈或上司，你应该主动将手心向上，表示出你的恭顺之意。如果对方是你的情敌或者商场上的对手，一定腕力的比拼对你权威形象的建立还是有必要的。

如果是男士和女士握手，男士想要争取主动权往往比较容易，因为女士习惯于在握手时将手心向上表示顺从，这也是女士彰显女性特质的一种方法。但是在商务场合，假如你是一位男士，和你握手的是一个女上司，你最好不要妄图通过握手抢占主动权，这可能会给对方带来不悦的感觉。因为职业女性都认为，在严肃的工作场合中，彰显女性特质只会让她们失去合作者的信任和重视，因此此时她们要求“男女绝对平等”。

手掌向下是掌握控制权的一种表现方式，同时也给对方心理上造成了一种无形的震慑力。

瓦解对方的强势攻击

虽然你掌握了抢占主动权的握手方法，但是对方可能会先下手为强，试图通过握手来抢占先机，控制你于被动地位。如果你发觉对方有意使用翻转手掌的霸道握手方式，不必惊慌，要冷静地通过下面的绝招去瓦解对方强势的攻击。

绝招一：迈左脚，进入对方左侧私人空间

如果遇到强势握手者，而且对方先伸出手，自信地发出邀请，这时，你可以迈出左脚，使你的身体前倾进入对方的私人空间，这样你就避开了对方笔直的手臂，从对方的身体侧面和对方握手。这时，你会发现情况发生了微妙的变化，因为双方要想顺利握手，必须将手掌向上旋转 90 度。

绝招二：双手握住对方单手

如果对方强势的右手来势汹汹，你伸出手就会被对方看似腕力强大的手钳住，这时，你可以伸出双手握住对方的单手。两只手可以很轻松地将对方的手转为顺从方向，而且你伸出双手还能显示出你的热情，届时对方被你掌控在手中也无话可说。

绝招三：直接握住对方手腕

这是最后的必杀技。如果你觉得对方会通过握手来挑衅你或者威胁你就范，你可以直接伸出手握住对方的手腕，这是一种出其不意牵制对方的方法，但是也很容易激怒对方，要三思而后出手。

在工作环境中，如果一个男士和一个女士握手时使用翻转手掌以掌握主动权的姿势，他可能会激怒面前的这位职业女性。

尖塔形手势，自信溢于言表

高度自信的动作能够反映大脑的高度舒适感和绝对自信，有几个手势一看到就知道动作者对他的现状感到满意和舒适，其中一个标志性动作就是尖塔形手势。尖塔形手势是将一只手的指尖相对应地接触另一只手的指尖部位，形成尖塔形，好像教堂的尖塔。

尖塔形手势是将一只手的指尖相对应地接触另一只手的指尖部位，形成尖塔形，好像教堂的尖塔。

哪些人钟爱尖塔形手势

尖塔形手势是最具自信心的动作之一，做出该动作的人一般都是非常自信和有心理优势的人。因此，在两个人交谈过程中，做出尖塔形手势的人一般都是自认为比对方有优势的人。假如一个富人和一个穷人对话，做出尖塔形手势的肯定是那个富人。另外，假如两个有级别差异的人在聊天，做出尖塔形手势的人一定是地位比较高的人。

职场人士小月说："领导都喜欢做出尖塔形手势，我每次进去向我的上司汇报工作，他都会放下手中的笔，然后指尖相对（尖塔形手势）开始听我汇报工作。后来有一次从老板的办公室门前走过，看见我的上司和老板在讨论问题，老板指尖相对专心地听着，而我的上司的手自然地放在腿上。"

由此可见，尖塔形手势经常出现在上下级之间的交谈中，而在交谈过程中，上级更容易有心理优势，更易产生自信。因此，他在指导下级或者倾听下级汇报时，总会使用这一手势，以此来体现他的身份和自信。

当然，尖塔形手势不一定仅出现在上下级之间，当一个人对自己所说的话非常自信时，他也会下意识地做出尖塔形手势的动作。例如，一个演讲者在对自己的观点非常自信时，他原本摊开的双手可能会突然变化为尖塔形手势，这说明对方对他此刻所说的内容非常自信。

自信发生动摇的信号

如果一个人在表达观点时做出尖塔形手势，则说明他对他此刻的观点非常自信，此时不要尝试直接去反驳他的观点，这样很容易造成正面冲突。如果你真的有异议，可以通过提问的方式来让对方自己发现问题。

"你说的观点我觉得很有道理，但是我有一点不明白……"

"我曾经在一本书上看到……你怎么看这个观点？"

通过带有异议的提问，对方可能会发现自己的观点有偏颇。当对方对自己的观点不那么自信时，他的手部动作会发生一些变化，他原本搭成尖塔形的手指可能会慢慢交织在一起，这就是我们前面说到过的十指交叉的动作。这是一种常见的压力或焦虑状态下做出的手势，他做出这个动作像是在祈祷。这种非语言行为的变化，能够十分精确地反映和解释对方对事件不断变化的态度。从尖塔形手势到十指交叉，是对方从高度自信到自我怀疑的一个过程。

展示出你的自信

尖塔形手势是高度自信的标志，因此，你要善于运用这个姿势来展现出你的自信。你在陈述自己非常自信的观点时，你一定要在语气坚定的基础上主动做出尖塔形手势。在陈述观点时做出尖塔形手势不光是对别人的震慑，也可以对自己起到激励作用。

注意在做出尖塔形手势时，手势的高度至少要与胸齐平，或者将手肘放在桌面上做出这个动作，这样对方才能感受到你的自信。有很多人将双手放在桌子底下做出尖塔形手势的动作，就大大降低了这个手势原有的力量。

除此之外，展示自信的手势还有交叉手指并竖起拇指的动作。当一个人竖起拇指时，表明他对自己评价很高，或者对自己的思想或现状非常自信。我们前面说过，十指交叉攥在一起表示动作者对自己不自信或非常焦虑，但是，此时如果将两个大拇指竖起来对贴在一起时，含义就截然不同了。此时这个动作表示的是动作者的绝对自信！

> 如果观察到一个人的手势从尖塔形手势变为十指交叉动作，说明此人的内心经历了从高度自信到自我怀疑的过程。

高昂的下巴泄露的信息

英国历史上第一位女首相，令世界折服的“铁娘子”玛格丽特·希尔达·撒切尔夫人以她意志刚强、做事果断、不屈不挠的性格特点在英国保守党这块“男人的天地”里到达权力巅峰。这位“铁娘子”总是在政治斗争旋涡和激流中高昂着下巴回应着周遭给她的挑战。注意，撒切尔夫人标志性的肢体动作是高昂的下巴，从这高昂的下巴中我们可以解读出哪些信息呢？

高昂的下巴展示倔强无畏的个性

撒切尔夫人总是高昂着下巴，这和她所处的环境和她本身的个性是密不可分的。

撒切尔夫人出身平民，没有显赫门第的护荫，没有夫贵妻荣的依傍，靠着不断的努力追求和顽强的奋斗，在英国这个重门第、讲传统的国度里一步步往上爬。在这个过程中撒切尔夫人没有自卑地低头认输，而是高昂起下巴，可见她非常勇敢，对恶劣的环境无所畏惧，个性倔强顽强。

此外，撒切尔夫人几次竞选失败。在这些打击下，她始终不服输、不示弱，终于在 1959 年 34 岁时成为英国历史上第一名女议员，这显示了她桀骜不驯的性格。撒切尔夫人从骨子里透露着她的坚强，所以她的头始终是高抬着的，她的下巴一直是骄傲地仰着的。

高昂的下巴：藐视他人的姿态

默慧是公司的新进员工，一段时间之后，默慧发现同事和她的关系越来越远，她有事请同事帮忙时，同事总是借故推托。默慧一直百思不得其解，不知道自己究竟什么地方做得不对。后来，默慧终于从一个比较直率的同事口中知道了原因。原来由于从小学习舞蹈的原因，默慧走路总是昂首挺胸，而且总爱在走路的时候思考事情，因此常忽视了跟擦肩而过的同事打招呼，加之默慧个子很高，身材很好，毕业院校也是全国数一数二的重点院校，如此一来，同事们都觉得默慧生性孤傲，瞧不起别人，因此和她的关系就越来越不好。

由此可见，高昂着下巴常会给人一种藐视他人的高傲姿态。为了避免给别人留下无法接近的高傲姿态，我们即使在抬头挺胸走路的时候也要时刻察言观色，在遇到同事时要主动点头打招呼，露出谦和有礼的笑容，否则就会像案例中的默慧一样冷落了同事而不自知。

侵略性十足的下巴

如果我们仔细观察，就会在电影中发现无数这样的场景：当善良的主人公在遭到奸人陷害时，他会在某个墙角被几个小混混拦住，这些小混混高昂着下巴，手里转动着匕首或者鞭子，侵略意味十足。可见，高昂着下巴在这种场景中出现，表示的是动作者十足的侵略和挑衅意味。

当一个人想威胁另一个人时，常会将对方逼到墙角，手里拿着刀或者枪对着对方，然后挑衅意味非常强烈地对对方说:“你要是……你试试。”这时高昂的下巴是进攻对方的前奏，是想让对方通过他高昂的下巴看出他的恶意和强硬态度。

如何应对对方的高傲姿态

当一个人高昂着下巴走向你，首先可以确定的是他对你并不是十分谦和的，这时，不要因为有被冒犯的感觉而和对方强硬对碰。首先，你要判断清楚对方高昂下巴是因为他的个性使然，还是他对你十分藐视，或是因为你触犯到了他，他对你有挑衅攻击的意味。判断清楚具体情况，然后再对症下药。

如果对方生性倔强高傲，在讨论观点型问题时，不要尝试单凭诚意和你的口才让对方轻易顺从于你，而要以事实型的论据来说服对方。要知道，生性高傲倔强的人一般生性固执，只有在事实面前他才有可能低头。

如果对方很明显是藐视你，此时注意把握好自己的情绪，因为遭到藐视而产生不稳定的情绪是非常不明智的。此时不卑不亢是最正确的态度，不要因为对方的优势而轻视自己，而要以极大的自信和不卑不亢的态度来和对方交流。实践证明，当一个人对自己自信心十足时，更容易赢得别人的尊重。

如果对方不怀好意地靠近你，此时硬碰硬是最不可取的，你要判断清楚形势是否有利于你。如果你处于劣势，一定要先想办法安抚对方的情绪，在缓解了紧张气氛之后再合理应对。

> 在现实生活中，不要看到一个高昂着下巴的人，就习惯性地认为他是瞧不起别人，他也许只是因为性格倔强。

强势者的标签：弹弓式姿势

如果两个人坐着聊天，其中一个人身体后倾靠在椅背或沙发上，双手交叉于后脑勺，而且跷起腿做出“4”字腿的姿势，而另一个人端正地坐着，很显然，这个身体后仰且抱着脑袋坐着的人在两个人中处于更强势的地位，因为他的坐姿更舒服，抢占的领地更大。而这个强势者的姿势我们称为“弹弓式”姿势，它是双手叉腰姿势的坐姿版本，是强势者的标签。

弹弓式姿势：自认为无所不知

既然弹弓式姿势是双手叉腰的坐姿版本，同样地，它也属于男性专用的身体姿势。男士们常在自我感觉良好的时候做出这种姿势，以给旁人施加压力。做出这样的姿势会给人以高度自信和无所不知的假象。在众多行业中，律师、销售经理、人力资源经理等最容易做出弹弓式姿势，当这些人做出这种姿势时，他们内心的独白往往是“一切都在我的掌握之中”“我无所不知，无所不能”“别犹豫了，听我的没错，我说的就是真理”。

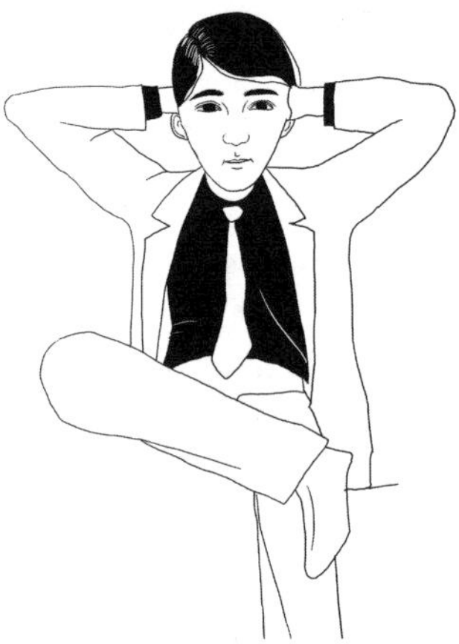

弹弓式姿势：身体后倾靠在椅背或沙发上，双手交叉于后脑勺，而且跷起腿做出“4”字腿的姿势。男士们常在自我感觉良好的时候做出这种姿势，以给旁人施加压力。

此外，还有一些人本身并没有过人的能力，但是他自我感觉非常良好，常常借助弹弓式姿势制造其无所不能的假象。因此，在日常交往中，我们在见到一些男士做出弹弓式姿势时，不要被他的架势唬住，根据不同的情况，我们可以采取不同的策略来应对摆出这种姿势的人。比如，我们可以身体前倾、摊开手掌（显示出我们的真诚之意），真诚地说：“我知道你在这方面非常擅长，你能不能谈谈你的想法让我加深认识呢？”然后你也可以靠在椅背上做出比较放松的姿态来倾听对方的意见，并且积极响应对方。

黑猩猩的弹弓式姿势

人类行为学家研究发现，黑猩猩也常常会做出弹弓式姿势。与人类的弹弓式姿势不同的是，黑猩猩在双手抱头的同时，双腿叉开坐在地上，这可能是因为黑猩猩身体没有人类灵活，无法做出“4”字腿姿势的缘故。

黑猩猩做出这个姿势常常是在它觉得自己占有优势的情况下。例如，当一只黑猩猩在摘取了足够多的香蕉时，它就会做出弹弓式姿势，这是黑猩猩表达高度自信的一种形体语言。做出这种姿势的黑猩猩往往是整个群体中生产力和战斗力最强的，其做出这个姿势时，有一种高高在上、静观其他黑猩猩动态的高傲姿态。这一点和人类有异曲同工之妙。在一个群体中，当大家忙于解决自己面前的困难时，提前完成任务的那个人总会双手抱头靠在椅子上，跷起“4”字腿，志得意满地看着忙得焦头烂额的众人。

男人用弹弓式姿势应对挑衅

前面我们说过，高昂的下巴是一种非常强势的动作，它表现了侵略和挑衅的味道。当面对别人的挑衅时，男士有一种应对的姿势，那就是弹弓式姿势。

当一个人把头部高高昂起，同时下巴往外突出，显示出傲慢和挑衅的意味时，你可以将后背靠在椅子上，双头抱住后脑勺，跷起“4”字腿和对方对话，这样你就有力地反击了对方，让对方认识到你也不是好惹的。

但是要注意的是，假如对方挑衅意味非常强烈，而且是一个非常鲁莽的人，你最好不要用弹弓式姿势来应对挑衅，因为这可能更加激发对方的激动情绪，出现不可收拾的局面。

女人大都厌恶弹弓式姿势

如果在一个男士和一个女士的交谈过程中，男士做出弹弓式姿势，那么女士立刻就会对这个男士心生厌烦。因为弹弓式姿势让男士看起来大男子主义味道十足，好像一切都是他说了算，而丝毫不把眼前的女士放在眼里似的。

女士厌恶弹弓式姿势还因为这个姿势是男士专用，无法成为女士的武器。因为这个动作会展示女士的胸部，做出这个动作会被认为不雅甚至有挑逗的味道。因此，假如你是一个女士，当你对面的男士做出弹弓式姿势时，你可以通过下面的方法改变他的弹弓式姿势，从而改变他的强势地位。

站起来和他说话。你通过俯视的姿势传达了你的强势，对方的姿势也会改变，等对方姿势改变后你再坐下来。

递给对方一些资料或者一杯茶，伸到他的面前，他不得不改变姿势来接。

跷起二郎腿，做出双臂交叉抱于胸前的姿势，这样可以让你看起来强势一些。

男士可以用弹弓式姿势来应对挑衅。当对方做出弹弓式姿势时，男士可以模仿对方的动作来获得气势上的平等。

留在口袋外的拇指，在告诉你什么

大拇指象征着权威和优势，它代表的是力量和自我。当我们表示对别人称赞时，我们常常竖起大拇指。但是很多时候拇指的动作不是这么明显，例如，有的人会把手放在口袋中，但是他的拇指却露在外面，这留在口袋外的拇指，在告诉我们什么信息呢？没错，它代表的依然是拇指所表示的权威、力量和自我优越感！

手放在口袋中，大拇指留在口袋外。这是一种自我感觉良好，并且自我肯定的表现。

表示对自我赞许的拇指

在一个研讨会上，杨建做了一个让在场观众耳目一新的报告。杨建做完报告后，他提议大家进行自由讨论。大家纷纷开始讨论，而其中自然多为对报告称赞的声音。这时，杨建在会议室里到处走动着，分别解答听众提出的问题。众人对杨建连连称赞："您的见地真是深刻独到。""报告很不错，你肯定大有前途。"杨建谦虚地摇摇头说："其实没有大家的实践，我的报告也就是纸上谈兵，不值得一提。"

乍一看，杨建是个非常谦虚的人，但是仔细观察他的肢体动作就会发现，其实他对自己的表现也是比较满意的。他在谦虚地回答别人时，插在两个口袋里的手的拇指不经意地露在了外面，这个动作泄露了他自我肯定的内心活动。

当一个人对自己的观点非常自信、对自己的表现非常有成就感时，他会下意识地做出拇指留在口袋外面的动作。在一个集体中，当老板在向自己的员工阐述观点时，总会将手插在口袋里，而只留拇指在外面，这表明老板对自己所说的话非常自信，不管员工是否真的赞许他，他从内心深处是自我满意的。

高人一筹的优势心理

此外，将手插进口袋里，而把拇指留在外面的动作是一些著名人士的常见动作。例如，查尔斯王子就很喜欢这样做；一些明星在宣传影片或上节目时，也常常在站着时做出这样的姿势。这些人有一个共同特点，那就是他们异于普通人，他们在普通大众面前不免有一种"高人一筹"的心理优势。

这个姿势，名人常常表现出来，他的内在心理感受是：我高人一筹。

有时候，人们会将手插在身后的口袋里，而把大拇指留在外面。例如，一些年轻明星站着时会做出这样的动作，这一方面是因为手插后兜的动作看起来很酷；

另一方面是相比较而言，手插后兜比手插前面口袋显得低调一些，好像动作者可以通过这个动作把自己的优势感隐藏起来。

如今，手插口袋、拇指外露的动作在男士和女士当中都非常常见，但是要知道以前这个姿势在女士中是见不到的，直到后来女士开始着裤装，这个动作才在女士当中也流行起来。

除了这个姿势会突出拇指的特殊意义，还有另一个动作也会凸显拇指的特殊意义，那就是在双臂交叉抱于胸前的同时竖起拇指。我们前面已经说过，双臂交叉抱于胸前是表示防御的意思，此时外加竖起拇指的动作则表示此人虽然采取了防御型的姿态来面对对方，但是他内心的优越感依然存在。

拇指指向某人表示不敬之意

任何肢体动作代表的意思总有一些例外的情况，拇指所传达的信息也不一样，它可以表示权威和力量，也可以表示嘲讽和鄙视，动作略有不同，就是用拇指指向某人。

例如，在一个社交场合，一个人被一个喋喋不休的人缠上，聊了半天好不容易摆脱这个人的纠缠。这时，这个人可能会长舒一口气，走到他的朋友面前，用拇指指指那个喋喋不休者说："她特别啰唆，抓住我说了半个多小时。"在这种情况下，说话者晃动的拇指表示的是对拇指指向的那个人的奚落、嘲讽之意。

如果你遇到别人用拇指指向你表示不敬之意时，你首先应当搞清楚对方为何对你不敬，你是否一不小心成了我们前面情景中说到的别人眼中的啰唆者，或者你是否做出了其他招人厌烦的举动。如果你经过自省，并未发现自己身上有什么问题，而你信任的朋友也认为你的举动没什么不当，那你就应当积极和对方进行沟通，但是要注意在沟通过程中一定不要被对方的情绪和评价所影响。

手插进口袋中，把拇指露在口袋外面的动作和双臂交叉抱于胸前的同时竖起拇指的动作，跟直接竖起大拇指的意思一样，都表示权威、强大，有自我优越感。

把手搭在椅子的扶手上，传达的信息是什么

人类的手是最独特的，可以写、画、抓、打、握，还可以感受、衡量和创造周围的世界。与身体的其他部位相比，大脑对手有点偏爱，因此人们的手部动作非常丰富。一个人将他的手搭在了椅子的扶手上，这说明他此刻的内心活动是怎样的呢？

手搭在椅子扶手上：使自己的形象更高大

很多人在坐着时都有将手搭在椅子扶手上的习惯，这是强者彰显自身权威的一种方式。将手搭在扶手上，动作者的身体就比肩更宽了，因此看起来更高大。例如，在一个商务会议上，围坐桌子四周的与会代表大都会做出手搭在椅子扶手上、后背靠在椅子上的动作，这个动作表示他们内心非常自信强大。

相反地，在警察局的审讯室里，那些坐在椅子上的犯罪嫌疑人总是蜷缩着身子、表情沮丧地坐在椅子里，双手乖乖地放在腿上。试想一个犯罪嫌疑人做出手搭在椅子扶手上的动作，他给人的感觉就是藐视法律和权威，这样的动作可想而知只能使他的处境更加不妙，他可能因此丧失警方对他的全部信任。

在很多情况下，我们上面所说的两种动作会在同一种场合出现。例如，在一个大型商务会议上，前面坐着的领导常常将手搭在椅子扶手或者沙发扶手上，而他后面的翻译官或记录员则蜷缩着身子规矩地坐在领导的后面。可见，通过这些动作，我们还可以辨识

出在一个社交或商务场合中人们相互之间的尊卑关系。

手臂伸展到其他椅子上："圈地运动"

手臂伸展到其他椅子上，是一些自信强势者进行“圈地运动”的一种手段。将手臂伸展到其他椅子上表现出这个人很自信、也很舒适，做出这个姿势的人多为男士，这是他们的侵略性使然。

如果你旁边坐着的是一个陌生人，千万不要轻易将你的手臂伸展到别人的椅子上，这是对别人“领地”的一种侵犯，很可能引起别人的反感甚至正面冲突。

在一个宴会上，大卫看到靠窗的一个咖啡桌旁坐着一个温婉漂亮的女士，于是走上前去，征得女士同意后在她面前坐了下来。两人聊得正开心时，一个男士走了过来，在该女士的旁边坐了下来，女士介绍说这是她的好朋友。可是大卫看见男士坐着时将手臂伸到女士身后的椅背上，而且另一只手握成拳头状，放在另一个椅子的扶手上。大卫由此推断这位男士和女士关系肯定不一般，即使不是情侣也是关系非常暧昧的朋友。于是大卫快速离开了现场，逃脱了可能发生的是非。

从男士的姿势上看，他内心深处认为这位女士应该属于他，所以他用手臂将女士圈入了他的“领地”，而女士没感觉到男士这个动作的不当，说明女士非常信任这位男士；男士在和大卫说话时，手下意识地握紧呈拳头状，说明男士醋意很浓，对大卫充满攻击心。在看到这些肢体动作时，作为一个聪明人，在没搞清状况的情况下，先撤退是明智之举。

> 如果一位男士将手臂伸展到旁边女士的椅子上，则说明这个男士对旁边的女士有好感，这个动作此时就有将女士揽入自己怀中专属自己所有的意味。

总　结

相信经过本章的学习，很多人会恍然大悟，原本看上去非常谦虚的人实际上内心自信心和优越感非常强烈。如果我们一起再回想一遍那些表示支配或顺从意味的肢体动作，相信下次你更容易正确判断。

1. 一个人支在桌子上的双手（双臂）之间的范围和他内心的自信及强势感成正比。

2. 压低眉毛的动作使动作者的眉宇间增添了几分威严，而眉毛和眼睛之间的距离本来就很近的人则生来就有一种忧郁的气质。

3. 一个人在表情严肃、目光专注地看着别人时，他是想用目光来控制和命令对方。

4. 双腿叉开的动作是一种强势的信号，它是强势者借以"抢占领地"、争取支配地位的动作。

5. 如果一个人想在握手时就争取主动权，通常会在握住对方手掌时将其翻转，使对方的手心向上。

6. 如果看见对方将一只手的指尖相对应地接触另一只手的指尖部位，做出尖塔形手势，很显然他的自信和强势溢于言表，因为这个动作往往是权威者的专利。

7. 高昂的下巴显示出动作者桀骜不驯的性格和强烈的侵略意味。

8. 一个人身体后倾靠在椅背或沙发上，双手交叉于后脑勺，并且跷起腿做出“4”字腿的姿势，就是我们所说的弹弓式姿势。这是强势者的标签，做出这个动作的人大多认为自己无所不知。

9. 当一个人将手插入口袋中而将拇指留在外面时，他表达的是一种高人一筹的优势心理。

10. 将手搭在椅子的扶手上可以使自己的形象更高大，而将手放到别人的椅子扶手上则是一种侵略性的动作，说明此人非常想降伏目标对象。

参考文献

[1] 石真语. 冷读术（白金珍藏版）[M]. 北京：电子工业出版社，2019.

[2] 格雷. 男人来自火星，女人来自金星 [M]. 何兰兰，等，译. 北京：中华工商联合出版社，2017.

[3] 坎菲尔德，沃特金. 吸引力法则 [M]. 张彩，译. 北京：光明日报出版社，2018.

[4] 杨心远. 九型人格读心术——人际交往的首项修炼 [M]. 北京：中华工商联合出版社，2013.

[5] 戴愫. 微交谈：如何提升和陌生人的社交力 [M]. 北京：中信出版社，2019.

[6] 里奇，阿克塞尔罗德. 发现你的行为模式 [M]. 许江林，译. 北京：电子工业出版社，2018.

[7] 龙春华. 行为心理学：瞬间读懂他人小动作背后隐藏的秘密 [M]. 北京：中国华侨出版社，2012.

[8] 刘川. 微表情心理学 [M]. 北京：中国友谊出版公司，2016.

[9] 纳瓦罗，卡尔林斯. FBI 教你读心术 [M]. 王丽，译. 长春：吉林文史出版社，2011.

[10] 高斯林. 看人的艺术 [M]. 宋媛媛，译 . 北京：北京联合出版有限公司，2018.

[11] 内藤谊人. 博弈心理学 [M]. 赵萍，译. 北京：北京联合出版公司，2013.

[12] 麦肯锡. 如何不喜欢一个人 [M]. 高娃，译. 北京：北京联合出版公司，2017.

[13] 迈尔斯. 社会心理学（第 11 版）[M]. 侯玉波，等，译. 北京：人民邮电出版社，2016.

[14] BURGER J M. 人格心理学（第 8 版）[M]. 陈会吕，译. 北京：中国轻工业出版社，2014.